Emprender para Cambiar

Crea el proyecto de tus sueños y
recupera tu vida, pasión y libertad

Bernardino Antúnez Barba

Copyright © 2018 Bernardino Antúnez Barba - Todos los derechos reservados. Ninguna parte de esta publicación, incluido el diseño de la cubierta, puede ser reproducida, almacenada, transmitida o utilizada en manera alguna por ningún medio, ya sea electrónico, químico, mecánico, óptico, de grabación, electrográfico, por internet u otros medios sin el previo consentimiento por escrito del autor. La infracción de los derechos mencionados puede ser constitutiva de delito contra la propiedad intelectual (Art.270 y siguientes del Código Penal)

Obra registrada en el registro general de la propiedad intelectual
Emprender para Cambiar – por una vida libre – Marca Registrada

ISBN-13: 978-1985633582
ISBN-10: 1985633582

Para Claudia.
Gracias por estar siempre a mi lado.

«De todas las mujeres en el universo me enamoré de ti,
porque tenías los ojos más bonitos del mundo y,
porque tenías el mundo más bonito en tus ojos»

CONTENIDO

	Introducción	pág. 1
1	La verdad duele	pág. 9
2	Primeros pasos para cambiar	pág. 19
3	Razones para emprender	pág. 27
4	Diferencias Empleado y Emprendedor	pág. 35
5	Reinicia tu mente	pág. 43
6	Salir de la zona de confort y pasar a la acción	pág. 57
7	El código del tiempo y como organizar tu vida	pág. 69
8	Crea tu marca personal	pág. 87
9	Diferentes formas de emprender	pág. 99
10	La fuerza de tu mente y otros secretos del éxito	pág.111
11	La gestión de las emociones al emprender	pág.123
12	Cómo evitar errores comunes	pág.131
13	El poder de internet para tu negocio	pág.149
14	Otros consejos para emprender con éxito	pág.167
15	Comentario final	pág.175
	Recursos adicionales	pág.179
	Acerca del autor	pág.181

«Los grandes triunfadores aceptan los pequeños riesgos que generalmente acompañan la búsqueda del éxito. Esa valentía, ese arranque, ese entendimiento de que todo gran sueño demanda acción inmediata es lo que distingue al ganador del perdedor»

(Camilo Cruz)

Introducción

Cuando comencé a escribir tenía un objetivo: crear el libro que me hubiera gustado leer al principio de mi carrera como emprendedor. Es cierto que existe mucha información sobre esta materia, pero muy poca realmente útil y práctica para un emprendedor novel.

Investigando un poco sobre el tema me encontré muchos «gurús» en internet que daban información muy superficial y nada que sirviera realmente en la práctica. Había gente con blogs sobre cómo emprender, sobre desarrollo personal, sobre marketing online y dando consejos de qué debes hacer. Pero cuando investigas un poco, ves que la mayoría jamás han creado una empresa propia, nunca han construido un negocio de éxito y nunca han gestionado como directores un negocio online. Es difícil que alguien que nunca ha pasado por esa experiencia, que nunca ha vivido los problemas y los éxitos de un emprendedor real, pueda enseñarnos las claves importantes para conseguirlo. Es como querer operar sin ser médico. Lo puedes intentar, pero conseguir el resultado deseado con éxito es muy improbable. Esto me animó a escribir un libro que realmente sea útil para un emprendedor nuevo y que aporte información práctica, junto con mi formación y mis años de experiencia como emprendedor.

Este libro es para ayudar a otras personas en el camino hacia el cambio de sus vidas. Y no solo profesionalmente, sino también personalmente. Con el proyecto de sus sueños o potenciando su carrera. El cambio hacia la libertad financiera y personal es un proceso mental, emocional y educativo que no se logra en unos días. Si fuera tan fácil todos lo harían, en cambio, la mayoría de la gente jamás conseguirá liberarse de la presión social, de un trabajo aburrido y frustrante, o de una relación tóxica. En este libro te ayudaré a abrir tu mente, a reflexionar y ver la vida desde una perspectiva diferente. Te ayudará a iniciar el camino para crear el proyecto de tus sueños con un coste mínimo, y conquistar tu libertad financiera en un plazo razonable. Yo he podido y tú también puedes.

No te prometeré que es un camino fácil, ni que lo conseguirás en pocos días. Yo también he necesitado un tiempo. Estuve trabajando para diferentes multinacionales, he vivido en varios países y hablo cuatro idiomas. Pero todo esto no era lo que yo quería de mi vida. Buscaba la libertad para tener más tiempo para mí y mis deseos. Quería algo más de mi vida, deseaba hacer algo que me apasione, que me llene el alma, que me dé más tiempo para mi familia y que me proporcione libertad financiera.

Te enseñaré con mi experiencia, errores y éxitos cómo he conseguido cambiar mi vida y pasar de ser un empleado sin libertad a ser un emprendedor con éxito y disponer de libertad personal y financiera. Y estoy convencido de que cualquiera que tenga la información adecuada, como puede ser este libro o mi curso, puede lograr cambiar su vida y alcanzar la independencia financiera. Es un camino difícil, con altibajos y, a veces, con decisiones erróneas. Pero es algo normal, porque ningún camino fácil te llevará a algo que valga la pena. Y, posiblemente, este viaje acabará siendo uno de los mayores logros de tu vida.

Hablaré de muchos temas y daré consejos prácticos para que puedas encontrar la parte que más te aporte.

Todos nos encontramos en diferentes fases de nuestras vidas, algunos simplemente quieren crecer profesionalmente y otros quieren ser una persona con más conocimientos o más segura de sí misma. También hay gente que está infeliz en su trabajo y le gustaría emprender su propio negocio y recuperar su libertad y su pasión en la vida. Todos encontrarán en este libro una guía imprescindible que les ayudará en el camino.

Yo no te podré dar soluciones «mágicas», ya que no existen, pero intentaré aportarte algo de mis experiencias que han ayudado a otras personas, y a mí mismo, a ver las cosas diferentes y a cambiar la vida con éxito. Se trata de un cambio profundo que te hará estar más seguro de ti mismo y saber mejor lo que quieres de tu vida. Cambiarás tu forma de verte y aprenderás a hacer frente al adversario más grande que tiene todo emprendedor, y no me refiero al tiempo o al dinero, estoy hablando de tus pensamientos. Aprenderás a entender por qué algunos tienen éxito y otros no. Y, sobre todo, aprenderás la actitud y mentalidad necesaria para convertirte en la persona que puede conseguir cualquier meta.

Te daré herramientas útiles para salir de tu zona de confort y conseguir tus objetivos. Aprenderás a cambiar tus prioridades, tus hábitos y a quitarte los miedos que te impiden hacer algo extraordinario con tu vida.

Debo pedir perdón a las mujeres que lean estas páginas ya que, para simplificar la lectura, escribo, por ejemplo, emprendedor en vez de emprendedora, sin que ello implique que tenga que ser hombre y no mujer. Es para hacer la lectura más fácil y evitar tener que repetir constantemente emprendedor/a o expresiones como cada uno/a de los directivos/as etc.

Este libro no te dejará indiferente, habrá momentos en los que te emocionarás, habrá momentos que te harán reflexionar, e incluso que estés enfadado contigo mismo, o conmigo, o con la sociedad en la que vivimos. Pero esto formará parte del viaje.

Porque algo te puedo asegurar. En este libro solo te contaré la verdad. Y la verdad no siempre es fácil de digerir... Pero si lo consigues, serás un poco más libre y un poco más fuerte para poder emprender con éxito la vida que sueñas.

¡Espero que disfrutes leyéndolo y que te pueda ayudar para conseguir ser la persona que te gustaría ser! Porque... ¿no se trata de esto en la vida...?

Bernardino Antúnez,
Emprendedor apasionado

«El secreto de la existencia humana no sólo está en vivir, sino también en saber para qué se vive.»

(Fiodor Dostoievski)

1. La verdad duele

Nada ocurre hasta que el dolor de permanecer en el mismo lugar es mayor que el miedo al cambio

Empezaremos con lo más difícil: aceptar la verdad, abrir los ojos ante la realidad. ¿Por qué es lo más difícil? Porque vivimos en un entorno que te transmite la falsa ilusión de estar protegido, de estar seguro, y que es mejor no salir de ella. De hecho, harán todo lo posible para que sigas atrapado en ella, para que sigas los dictámenes de la sociedad, para que sigas obedeciendo. Te prometerán que todo mejorará, que tus sueños algún día se cumplirán, que algún día cobrarás más, que algún día tendrás más tiempo libre, que algún día..., que algún día... Aunque en el interior sabemos que solo es una ilusión, nos autoengañamos creyéndolo para no tener que afrontar la realidad. A veces es más fácil así, ya que para cambiar y dejar de ser «creyente» se necesita mucha determinación.

Pues siento decírtelo, pero tendrás que aprender a salir de tu «zona de confort» si realmente quieres avanzar y si deseas cambiar con todas tus fuerzas. Esto implica afrontar con valentía los cambios que serán necesarios para conseguirlo. Te contaré la primera verdad: antes o después todos tendremos que salir de nuestra zona de confort, o porque un cambio en tu vida te obliga, o porque es la única manera de avanzar y ser libre.
Así que cuanto antes te quites el miedo al cambio, antes progresarás en tu vida. Todo depende de la forma que vemos las cosas. Mientras algunos tienen miedo al cambio, otros lo ven como una oportunidad de seguir avanzando y de liberarse de tantas ataduras. Porque la vida no es siempre lo que parece. Cuando te haces mayor te das cuenta de que lo de la vida iba en serio. Así que actúa y crea la vida que quieres vivir.

Volvemos a la falsa ilusión. Te citaré el famoso discurso de Tyler Durden, el protagonista interpretado por Brad Pitt, en una película que seguro muchos han visto, *El club de la lucha*, que resume bien de lo que vamos a hablar en este capítulo:

> Veo mucho potencial, pero está desperdiciado. Toda una generación trabajando en gasolineras, sirviendo mesas o siendo esclavos oficinistas. La publicidad nos hace desear

coches y ropas. Tenemos empleos que odiamos para comprar cosas que no necesitamos. Somos los hijos malditos de la historia. Desarraigados y sin objetivos. No hemos sufrido una gran guerra, ni una depresión. Nuestra guerra es la guerra espiritual. Nuestra gran depresión es nuestra vida. Crecimos con la televisión que nos hizo creer que algún día seremos millonarios, dioses del cine o estrellas del rock. Pero no lo seremos. Y poco a poco lo entendemos. Lo que hace que estemos muy cabreados.

¿Qué te parece? ¿Estás cabreado? Yo sí lo estaba, cada día intentaba no estarlo, pero en cuanto ponía la tele, miraba el telediario, o lo que nos cuentan los políticos, la corrupción que hay en nuestra sociedad, o la injusticia que hay en nuestro mundo... volvía a estar cabreado. Y lo peor es que nosotros mismos tenemos gran culpa en todo esto por seguir creyéndolos. Al fin, para ellos solo es un gran negocio, te venden los sueños que nosotros compramos. Han conseguido lavar el cerebro a toda una sociedad con ayuda de la tecnología, la televisión, internet y las redes sociales. La exposición a la publicidad constante ha multiplicado nuestras necesidades que nos imponen las empresas. Tenemos que consumir más y más para ser felices. Aunque la compra nos aporte solo unos minutos de felicidad. Y después nos damos cuenta de que el vacío sigue ahí. Y volvemos a consumir para ver si esta vez podemos llenar el vacío. Es la rueda consumista. Nos convencen de que el sentido de nuestra existencia para alcanzar la felicidad es la de consumir. Pero no nos cuentan el precio que hay que pagar para eso. ¡Vender nuestra libertad!

No me entiendas mal, yo no quiero que todos dejemos de consumir, esta no es mi intención. Pero a lo mejor deberíamos reflexionar más sobre qué consumimos e intentar disfrutar más de lo que tenemos antes de buscar rápidamente nuestro siguiente objetivo para consumir. El problema del consumir es que se ha vuelto algo mecánico a un ritmo vertiginoso, donde se prima la cantidad sobre el auténtico disfrute. Gastamos más, pero disfrutamos menos. Deberíamos crear un *slow-consuming*.

Para consumir todo lo que «deberíamos» y ser felices según la publicidad, se necesita ganar más y más. El problema es que los sueldos miserables que hoy pagan a los trabajadores no te permitirán comprar lo que te dicen que debes comprar para ser feliz. En realidad, es un estilo de vida extraño, porque tenemos más interés en hacer creer a los demás que somos felices que en tratar de serlo.

Así que la mayoría debe recurrir a créditos y a endeudarse para poder seguir el ritmo consumista que nos imponen. Y así, poco a poco, consiguen que perdamos nuestra libertad. Porque para pagar tus deudas necesitarás estar empleado y obedecer para que no te despidan, ya que si no, se derrumba tu mundo. Vivimos en una dependencia, seguiremos obedeciendo y dejaremos que nos sigan explotando para no caer en bancarrota y perder la casa, el coche, la familia y todo el bienestar que tenemos. Bienvenido a la sociedad moderna. ¿O, mejor dicho, a la «esclavitud moderna»?

Porque seamos sinceros. ¿Realmente alguien cree que se puede ser feliz y libre trabajando de mañana a noche, de lunes a viernes, año tras año? Levantarse a las 7 de la mañana, ducharse y cambiarse rápidamente, meterse en el tráfico estresante, para luego pasar 8-9 horas encerrados en una oficina delante de una pantalla, con la presión de alcanzar los objetivos. Luego, volver a estar horas en el tráfico para llegar a casa agotado. Y volver a comenzar al día siguiente, día tras día, durante los próximos 30-40 años. Yo, al menos, no conozco a nadie que me haya dicho que esto es su ideal de vida. Que así es como siempre imaginaba su vida perfecta. Lo primero que tenemos que aprender para cambiar es dejar de mentirnos.

Seamos sinceros, esto no es lo que esperábamos de nuestra vida. Yo, al menos, esperaba algo más, y pensaba que la vida debería ser un viaje lleno de aventuras y no solo esto.

Las consecuencias a largo plazo son terroríficas. Cada vez nos alejaremos más de lo que realmente queremos, cada vez tendremos menos tiempo para nosotros mismos, para nuestra familia, para nuestros deseos, para nuestras aficiones. ¡Menos tiempo para vivir! Dejaremos de hacer deporte y cuidarnos, porque casi no vale la pena para esto, aunque cada fin de año volverá aparecer en tu «lista de propósitos para el nuevo año». Pero, año tras año, se hará más larga esta lista... ¿Cuánta vida te está costando tu sueldo?

Yo engordé 10 kilos, me sentía frustrado, fracasado, engañado... Había seguido todas las reglas, había estudiado muchos años, me había sacado títulos universitarios, había aprendido idiomas para, al final, terminar trabajando en una empresa grande, pero que no compensaba el esfuerzo, dinero y tiempo que tuve que invertir en mi vida. Conseguí obtener puestos de responsabilidad con hasta 40 personas a mi cargo y vivir en diferentes países. Aumentaba la presión y las responsabilidades, y aunque tenía un buen sueldo, esto no compensaba la energía y vida que tenía que sacrificar a diario.

Bueno, pensé, pues voy a buscar otro empleo, en algún lugar se valoran otras cosas que no sean solo ganar más y más. Pero era todo lo mismo.
Lo más increíble eran los anuncios de empleo: «Se busca empleado joven con título universitario y máster, que hable al menos tres idiomas, con varios años de experiencia, ¡CON CAPACIDAD PARA

TRABAJAR BAJO ESTRÉS Y PRESIÓN, CLARO ENFOQUE A LOS RESULTADOS Y DEDICACIÓN COMPLETA!».

Gracias, gracias. Por fin había encontrado un trabajo en el que podía demostrar mi capacidad para trabajar bajo estrés y presión, podía renunciar a mi vida personal y tener una dedicación completa con enfoque a los resultados para la empresa.

No sabía si llorar o reír. Qué engaño. Pero lo peor de todo era que ya habían recibido 200 CV para este anuncio y yo solo era un número más. Ya me estaba dando cuenta de que, por más que me doliera, no podía seguir así. Algo tenía que cambiar en mi vida para salir de este mercado laboral tan precario que solo me provocaba estar más frustrado cada día y tener menos libertad.

La sociedad en la que vivimos está compuesta por dos esferas. En una se encuentran los que tienen el poder y el dinero, y en la otra, los demás, que están ahí para trabajar para ellos y pagar impuestos. Un empleado normal solo es un número más. Los poderosos de este mundo solo han podido llegar a dominar y ser ricos explotando a la clase trabajadora. Solo les interesa seguir así y hacen todo lo posible para que nada cambie y seguir viviendo su vida con su dinero en los paraísos fiscales... Siéntate para leer esto, porque te lo diré con claridad: ¡TÚ NO LES INTERESAS PARA NADA! LES DA IGUAL TU VIDA. LES DA IGUAL TUS PROBLEMAS. LES DA IGUAL TUS DESEOS. LES DA IGUAL SI ERES FELIZ O NO... ¡SOLO

ERES UN NÚMERO! ¡Y CUANDO TE HAYAN USADO LO SUFICIENTE Y YA NO SEAS LO BASTANTE PRODUCTIVO, TE CAMBIARÁN POR OTRO NÚMERO! Para ellos, nada cambiará y seguirán con su vida... El mundo funciona así. Lo tienen todo controlado y cada vez son más poderosos y más ricos. Controlan los gobiernos y financian los partidos políticos para asegurarse de que todo siga a su favor. El político al mando no es más que un empleado suyo bien pagado que ellos han decidido poner allí para que defienda sus intereses y les permita legalmente seguir aprovechándose de la clase trabajadora.

¡Y TÚ eres uno de ellos! Ya sé que duele aceptar esta verdad. A mí me dolió mucho. Pero la conclusión es muy fácil, tienes que cambiar ya, o te aseguro que en el futuro te dolerá mucho más porque esto no va a mejorar.

Hemos tocado fondo y es hora de levantarse...

Una desilusión no es más que una situación que te ayuda a salir del lugar incorrecto.

*«El currículum más triste de la vida contiene
estas tres cosas:
Pude haber hecho,
tal vez hubiera hecho, y
debería haber hecho.»*

(Louis E. Boone)

2. Primeros pasos para Cambiar

Si quieres algo que nunca has tenido, tendrás que hacer algo que nunca has hecho.

El siguiente paso será reflexionar sobre tu vida. Algo que es más difícil de lo que creíamos, ya que nadie nos preparó para esto. Creíamos que todo iba a ir como nos habían contado. Un buen trabajo, un buen coche, una casa, unas vacaciones y siempre felices. Pero ahora empieza lo difícil. ¿Realmente somos felices?

El secreto para la felicidad está en la libertad y yo no veo esta libertad en esta forma de vida. Pero para aspirar a ser libre se necesita mucha valentía. A la mayoría de la gente les da miedo la libertad y se conforman con tener un jefe que no les trate muy mal. Pero si estás leyendo este libro quiero pensar que tú no te conformas con esto y quieres ser libre.

Lo bueno es que lo podrás conseguir, lo malo es que no va a ser nada fácil. Será un camino largo y tendrás que afrontar muchos miedos y tendrás muchas dudas. Las dudas aparecerán de la nada y tendrás que combatirlas. Las dudas te tentarán para que vuelvas a lo establecido y tendrás que ser fuerte. No te olvides que tus dudas no son nada más que las mentiras que te vendieron tus miedos.

Pero hay un peligro en todo esto y te tengo que avisar: Una vez que hayas conquistado tu libertad ya nunca más podrás volver atrás. Serás una persona fuerte, independiente y seguirás tu camino siempre sin pensar en lo que piensan los demás de ti. Demasiadas veces tomamos decisiones en función de las opiniones y valoraciones de otros. Ya no te importará la opinión de los demás, te sentirás confiado y poderoso. En realidad, no deberías preocuparte por lo que piensan los demás de ti, porque están demasiado ocupados con lo que tú puedes pensar de ellos.

Estarás en equilibrio con lo que haces y quien eres. Preferirás una libertad peligrosa a una esclavitud tranquila. Y a los que no les guste, ya se pueden ir quitando del camino porque irás sin frenos...

¿Estás preparado para comenzar con el cambio? Pues quédate con esta frase: *Voy tras lo difícil porque en lo fácil siempre hay fila.*

El cambio hacia la libertad financiera y personal es un proceso mental, emocional y educativo que no se logra en unos días. Si fuera tan fácil todos lo harían, en cambio, la mayoría de la gente jamás conseguirá liberarse de la presión social, de un trabajo aburrido y frustrante, o de una relación tóxica. Tendrás que empezar a cuestionarte tu forma de vida actual y empezar a valorar qué debes mejorar en tu entorno para poder conseguirlo. Qué es de lo que te tienes que liberar y qué cosas tienes que añadir.

El primer paso es siempre el más difícil, aún no sabes exactamente dónde empezar y adónde quieres llegar, por eso, tómatelo con calma. No podrás cambiar tu trabajo y toda tu vida en unos pocos días. Todo lo bueno lleva su tiempo. Y es importante hacerlo sin ansias.

Primero, necesitas ordenar tus sueños. Valorar qué sueños te gustaría realizar y cuáles son los que tienen prioridad para encontrar tu felicidad y tu libertad profesional. Y después, hay que ponerse manos a la obra y empezar, poco a poco, a caminar en esta dirección. *Porque sueños sin acciones, solo se quedan en sueños.*

Al principio, es suficiente que empieces con pequeños cambios. Haz una lista de tus prioridades e intenta encontrar soluciones para poder realizarlas. Cada día debes hacer algo que te lleve hacia el destino que quieres. Te darás cuenta de que cada día que pasa te parece que nada cambia, pero cuando mires hacia atrás verás que todo ha cambiado.

Si cambias tu forma de pensar, cambiarás tu visión del mundo. Y esto te llevará a un cambio profundo que te hará estar más confiado y seguro de ti mismo. Y la confianza en sí mismo es la base para crear una vida libre.

Lo puedes conseguir, aunque aún tengas muchas dudas. Recuerda esta frase cuando te entren dudas: *Tu peor enemigo siempre será tu mente, porque ella conoce todas tus debilidades. Porque tu mente puede ser tu mejor amigo o tu mayor enemigo.*

Si quieres conquistar tu libertad financiera, jamás lo conseguirás siendo un empleado promedio que sobrevive de nómina en nómina. Cobrarás lo justo para sobrevivir y para que no dejes tu empleo, pero jamás vivirás la vida que te gustaría y que te hará libre y feliz. Tendrás que empezar a pensar seriamente emprender tu propio negocio y trabajar en lo que te gusta. Porque si consigues trabajar en lo que te gusta, lo harás bien y te sentirás en paz contigo mismo. Sentirás que te estás realizando profesionalmente y que haces lo que eres.

Una de las más grandes infelicidades es la de estar atado a un trabajo que no está en concordancia con tus valores e ideas. Solo te puede frustrar. Yo llevaba muchos años queriendo salirme de esa gran mentira en la que todo consiste en levantarse, trabajar y morirse rico. ¿Para qué queremos el dinero si no podemos comprar lo más importante: el tiempo? Así que es hora de empezar a tomárselo en serio y emprender tu propio negocio.

Tengo que ser franco contigo. Yo no te prometeré que te volverás rico en pocos días, ya que esto es muy difícil, aunque no imposible, pero no consiste solo en el dinero. Esto lo tenemos que dejar muy claro. El dinero solo es el resultado que llegará seguro, pero el proceso es el que cuenta. Te llevará a ser una persona que asume la completa responsabilidad sobre su propia vida para tomar control de su destino y hacer algo extraordinario. Estarás muy orgulloso de ti mismo y de haber creado algo único. Y te sentirás más fuerte, más confiado y más poderoso. Y lo más importante es que dispondrás de una libertad que jamás tendrías con un empleo normal.

Así que manos a la obra:

Los cambios son para los valientes, los cobardes prefieren quedarse donde están, aunque no sean felices.

*«Siempre recuerda que eres
más valiente de lo que crees,
más fuerte de lo que pareces,
y más inteligente de lo que te puedes imaginar.»*

(Christopher Robin)

3. Razones para emprender

Al final tienes que ser tú propio héroe, porque los demás están demasiado ocupados con salvarse a sí mismos.

Si buscas alguna razón para emprender te diré otra verdad: tarde o temprano te van a despedir. De hecho, unos de los principales motivos por el cual las personas emprenden es porque han sido despedidas y ya no encuentran trabajo. Hay que reinventarse, como se suele decir.

El trabajo está cambiando a pasos agigantados. Antes, el trabajo se basaba en la agricultura y el trabajo en el campo, luego vino la era industrial y el trabajo en las fábricas, luego las grandes empresas convirtieron las oficinas en «fábricas modernas», y ahora llega la era digital.

Los trabajos tradicionales irán desapareciendo poco a poco. Muchos ya han desaparecido. Y todos los trabajos en el que el empleado puede ser sustituido por un ordenador o una maquina desaparecerán. Ya hemos vivido la deslocalización de muchas empresas de producción que necesitan mano de obra. Se han ido a China, India, Bangladesh, porque la mano de obra es más barata y las ganancias más grandes. Y esta tendencia ya no cambiará. El empleado tendrá que aceptar cada vez más trabajos precarios y peor pagados.

Esta mañana he leído en la sección de economía del periódico *El País* que, según los «expertos de grandes compañías», muchos desempleados de mediana edad deberían plantearse hacer una beca para volver al mundo laboral. Sí, has leído bien, personas de 40 o más años que no encuentran trabajo deberían trabajar, según estos «expertos», como becarios, o sea, ¡GRATIS! Lo que nos faltaba por oír. Los llaman *returners* (retornados), personas que, porque están en paro o porque han hecho un parón en su carrera para criar a sus niños, ahora intentan incorporarse al mercado laboral. Así de triste está la cosa.

Si quieres cambiar tu vida tendrás que empezar a aceptar esta realidad. Hay que empezar a digitalizarnos al máximo porque el presente y el futuro es global, digital y online. Y si no te adaptas a esto lo antes posible, terminarás extinguido del mundo laboral como un dinosaurio. Te cito a Charles Darwin que, después de muchos años de investigación evolutiva, llegó a la siguiente conclusión: «*No es la especie más fuerte, ni la más inteligente, la que sobrevive, si no la que mejor se adapta al cambio*».

Y en el mundo laboral del presente y del futuro será igual.

Si tienes una idea de negocio que puede ser viable, lo has de intentar. No seas de las personas que algún día se arrepientan de no haberlo intentado. Con la madurez miran atrás y se arrepienten de no haber dado una oportunidad a su idea. Si no lo haces, siempre estarás pensando «¿y si lo hubiera intentado? A lo mejor me hubiese podido cambiar la vida».

La pena que experimentamos por no hacer algo nos deja una impresión mucho más fuerte que el arrepentimiento que podemos tener por hacer algo.
Por ejemplo, estoy seguro de que mucha gente se arrepiente de no confesarle a alguien que lo amaba, y es probable que esos sentimientos permanezcan con nosotros para siempre. Saber que estábamos demasiado asustados para intentarlo nos deja con un pesar aún mayor que el hecho de que no lo hicimos. La lección es clara: si hay algo que quieras hacer, ahora es el momento de hacerlo, da igual que termine en éxito o no.

No esperes a que sea demasiado tarde y tampoco a que te despidan. No esperes a estar desempleado y tener que reinventarte a la fuerza, ya que esto complica las cosas. Te verás forzado a crear una empresa de la nada e invertir más de lo previsto para empezar de cero. Mi recomendación es empezar poco a poco con un plan de negocio e ir compaginándolo con tu trabajo normal, hasta que veas que empieza a funcionar y puedas dar el salto para dedicarte al 100% a ello.

Si ya te han despedido o no encuentras trabajo, no pasa nada. A menudo una crisis, es el mejor momento para mirar tu interior y buscar un nuevo camino. También para ti llegó el momento de plantearte tu propio negocio. Todo es posible con dedicación y esfuerzo. Te cito una frase de Jim Rohn: *«Para que las cosas cambien, tú tienes que cambiar. Para que las cosas mejoren tú tienes que mejorar. Podemos tener más de lo que tenemos, porque podemos convertirnos en más de lo que somos».*

Para adaptarnos a la era digital tendremos que leer, estudiar y seguir aprendiendo para no quedarnos atrás. El autoestudio no es una opción, es una obligación para cada emprendedor. Nos ayudará a entender mejor cómo funciona la economía moderna, la globalización y a tener mejores ideas de negocios en la era digital. La persona que no aprenda constantemente para adaptarse a los cambios veloces de nuestra sociedad 2.0, se quedará atrás. Amancio Ortega, una de las personas más ricas del planeta y fundador de Inditex, dijo: *«El crecimiento constante es el mejor mecanismo de supervivencia».*

Por eso tendrás que dedicar algo de tiempo a leer más y hacer cursos de autoestudio si quieres cambiar, porque es la mejor forma de avanzar. Vivir sin leer es peligroso, te obliga a creer en lo que te digan. De hecho, creo que la gente debería leer mucho más para avanzar en lo personal y profesional. Hoy los gimnasios están llenos de gente y las librerías vacías. Tenemos mucha gente con cuerpos perfectos, pero sin nada que decir o pensar...

«La felicidad se alcanza cuando lo que uno piensa, lo que uno dice, y lo que uno hace están en armonía.»

(Gandhi)

4. Diferencias Empleado y Emprendedor

Un emprendedor es una persona que hará todo lo que esté a su alcance para vivir en libertad.

La diferencia entre un emprendedor y un empleado es muy fácil. Para el emprendedor, lo más importante es ser dueño de su vida, vivir con libertad financiera y sin que nadie le mande qué hacer. Él sabe que el tiempo que tenemos a disposición es limitado y es lo más valioso del mundo. El dinero perdido siempre lo puedes recuperar, pero el tiempo que ha pasado se ha perdido para siempre. Nunca más lo podrás recuperar. En cambio, un empleado está dispuesto a vender su valor más apreciado, que es su tiempo, a otra persona por una nómina. Acepta las reglas que le imponen y lo que esto conlleva para llegar a duras penas a final de mes. Trabajan toda la vida en un empleo para sobrevivir. Mientras que el emprendedor trabaja para crear su propio negocio que le genera ingresos constantes, del que vivirá el resto de su vida en libertad. Y tú, ¿en qué lugar quieres estar?

El tiempo es una constante en nuestra vida que solemos infravalorar hasta que es muy tarde. Steve Jobs, el creador de Apple, dijo una vez que cambió su vida cuando se dio cuenta de que algún día iba a morir. Y desde entonces, cada día aplicaba lo siguiente: «Cada día me miro al espejo y me pregunto: Si hoy fuese el último día de mi vida, ¿querría hacer lo que voy hacer hoy? Si la respuesta es NO durante demasiados días seguidos, sé que necesito cambiar algo».

El tiempo es limitado, así que no lo pierdas viviendo la vida de otra persona. Las personas tenemos la tendencia a posponer nuestra felicidad aceptando nuestra actual situación con la excusa «mañana seré feliz». Ya haré un viaje cuando tenga más tiempo, ya leeré este libro cuando tenga más tiempo, ya me pondré a pintar cuando me jubile, etc. El problema nuestro es que pensamos que tenemos tiempo infinito. Y cuando envejecemos nos arrepentimos de no haber hecho más cosas para nosotros mismos.

Te cito otra frase, esta vez del Dalai Lama:

«Lo que más me sorprende del hombre occidental es que pierde la salud para ganar dinero, después pierde el dinero para recuperar la salud. Y por pensar

ansiosamente en el futuro no disfruta el presente, por lo que no vive ni el presente ni el futuro. Y actúa como si no tuviese que morir nunca, y muere como si nunca hubiera vivido».
Cuánta razón tiene.

Pero la pasión por la libertad y disponer de más tiempo no es la única diferencia entre un emprendedor y un empleado. El emprendedor ha aprendido que tiene que crear activos que le generen un flujo de ingresos constantes. Así que un emprendedor que quiere tener éxito y libertad, a largo plazo debe aprender a reducir sus gastos en aquellas cosas que no necesite, e invertir este dinero en crear activos que le generen ingresos, para poder alcanzar la libertad financiera.

La gente que tiene una educación financiera limitada suele gastar muy por encima de sus posibilidades. Suelen estar siempre endeudados comprando cosas que no necesitan para impresionar a gente que en realidad no se interesa por ellos. Tienen más interés en hacer creer a los demás que son felices que en tratar de serlo. Para eso necesitan trabajar más y dependen totalmente de un empleo para sobrevivir. Esta dependencia financiera les impide poder cambiar de vida y tener éxito.

Para alcanzar la libertad financiera es necesario ahorrar más, posponer los lujos innecesarios e invertir este dinero en crear un activo que te genere ingresos con los que puedas pagar los caprichos sin tener que trabajar para ellos. Eso es lo que hacen los ricos. Gastan mucho en lujo, pero tienen inversiones, empresas y activos que les generan ingresos para costear estos lujos. Pero allí aún no estamos, así que debemos empezar por el principio.

Haz una lista con los costes mensuales y los costes en «caprichos» que puedes ahorrar. La mayoría de nuestras compras suelen ser impulsivas. Cuando vayas a comprar algo párate un momento y piensa si realmente lo necesitas o si estas a punto de hacer una compra impulsiva. Empieza ya a gestionar tu dinero con más «cabeza» que «corazón» para poder usarlo y crear un negocio u otro activo que te genere ingresos y que te acercará a la libertad que deseas. Más adelante, en el capítulo *El poder de Internet para tu negocio*, te daré ejemplos prácticos para poder ahorrar costes creando tu negocio.

No todos los gastos son iguales. Yo intento diferenciar entre un gasto «positivo» y un gasto «negativo». Un gasto positivo es una inversión que me ayuda a crear un activo que en el futuro me generará más ingresos. Por ejemplo, si compro un piso y lo alquilo, es un gasto positivo porque me generará un ingreso mensual. Estoy creando un activo que me ayudará a alcanzar antes mi libertad financiera.

En cambio, un gasto negativo es aquel que no te generará ningún ingreso y solo produce un coste que debes financiar trabajando más. Por ejemplo, si compro un piso solo para ir de vacaciones estoy creando solo un gasto negativo que debo financiar con mi empleo. Debo trabajar más y sin que me genere algún ingreso, por tanto, me está alejando de mi libertad financiera.

Como puedes ver, tenemos que ser más conscientes en qué usamos nuestro dinero y sacrificarnos algo hasta poder recoger los frutos. La gente está acostumbrada a querer todo rápido y ahora mismo. Quieren coger los frutos sin haber sembrado primero la semilla. Y esto no funciona.

La meta es convertir lo que ahorres en activos que produzcan dinero sin necesidad de trabajar. Y esto requiere su tiempo. El emprender tu propio negocio es el primer paso para alcanzar tu libertad financiera. Pero se necesita disciplina y paciencia.

¡Muchos emprendedores fallan durante el proceso porque no pueden vivir sin una gratificación inmediata. El emprendedor exitoso tiene que tener una visión a largo plazo: Debe ver el árbol cuando aún tiene la semilla en la mano!

«Ser tú mismo en un mundo que intenta constantemente convertirte en otro acaso es el mayor de los logros»

(Emerson)

5. Reinicia tu mente

La vida está llena de problemas, pero también de soluciones. La primera empresa que debes construir es tu mente.

¿Vivir para trabajar, o trabajar para vivir? Esta es una de las preguntas claves que antes o después todos nos ponemos. ¿Tiene sentido la forma de vida que llevamos? ¿Tiene sentido renunciar a nuestros sueños, a nuestras pasiones, nuestras aficiones y renunciar a estar más tiempo con las personas que más queremos?
Me acuerdo de una historia que leí hace ya mucho tiempo. Es una historia de Brasil que publicó Paulo Coelho:

> Un empresario estaba de vacaciones en una isla del Caribe. Cada mañana, cuando se iba a nadar a la playa, veía a un pescador que era pobre y vivía con su mujer y sus niños en una pequeña casa. El pescador cogía su pequeña barca para salir a pescar durante unas pocas

horas. Después, cuando volvía con lo pescado, se sentaba con la familia a través de una hoguera para cantar con la guitarra y comer el pescado captado. El resto lo vendía a un restaurante turístico que estaba cerca. Después se echaba en siesta con su mujer y por la tarde jugaba con sus niños.

Un día se le acercó el turista americano, que era un gran empresario, y le dijo al pescador: «¿Por qué no pescas durante más horas al día para capturar más pescado?».

El pescador le respondió que tenía suficiente para alimentar a su familia.

El empresario le dijo que tenía un MBA de Harvard y que le podía ayudar a convertirse en un pescador más exitoso. Debería invertir más tiempo en pescar y con los ingresos comprar varios barcos para tener una flota de pesqueros.

En vez de vender el pescado a un intermediario, podría venderlo directamente a una fábrica de pescado, eventualmente abrir su propia fábrica de pescado.

El pescador preguntó: «Pero ¿cuánto tiempo tarda todo eso?». A lo cual respondió el empresario que era a largo plazo, entre 15-20 años.

«¿Y luego qué?», preguntó el pescador. El empresario se rio y dijo «que esa sería la mejor parte. Cuando llegue la hora, vendes tu empresa y te volverás rico. Ese dinero te permitirá dormir hasta tarde, pasear un poco, hacer la siesta con tu mujer y jugar con tus hijos. Tendrás más tiempo para pasar con tu familia».

El pescador le respondió: «¿Pero acaso no es eso justo lo que tengo ahora?»

La historia me hizo reflexionar. ¿Vivir para trabajar, o trabajar para vivir? Claro que nosotros no podríamos vivir como el pescador, ya que nos hemos criado en un entorno diferente y estamos acostumbrados a mucho más confort. Pero el pescador, al final, es un emprendedor que gestiona su tiempo como más le conviene para estar feliz y poder pasar más tiempo con su familia. Aprendí que la persona más feliz no es la que más tiene, si no la que menos necesita.

Me acuerdo del tiempo que pasaba encerrado en la oficina cuando aún era empleado. Jornadas interminables de diez o más horas trabajando en proyectos, estadísticas y contestando correos, para poder alcanzar los objetivos que nos habían marcado. A veces me parece que todo eso fue un sueño. Pero no, ha sido una parte importante de mi vida.

Me acuerdo perfectamente cómo mis padres me decían: «Estudia mucho, y luego trabaja mucho, que en la vida hay que sacrificarse, aunque no nos guste».

Pero ¿qué es eso de tener que sacrificarse y trabajar en algo que no te gusta? Pues un día me levanté y decidí que esto lo iba a cambiar. El trabajar en algo que no nos gusta, que no nos aporte nada y que no tiene que ver nada con la persona que somos, es lo más frustrante que hay. Es vivir sin vivir. Simplemente sobrevivir, día tras día, esperando toda la semana a que llegue el viernes, esperando todo el año para las vacaciones y esperando toda la vida para ser feliz. Una vida monótona, aburrida y sin pasión. Toda esta insatisfacción la intentaba compensar comprando cada vez más cosas que, en realidad, no necesitaba. Pensaba que me lo merecía, era mi recompensa por mi vida frustrada. En esto se resumía mi vida.

Tardé bastante en darme cuenta de que era una persona que tenía miedo a los cambios. Aún me acuerdo de las palabras de mi madre: «más vale lo malo conocido que lo bueno por conocer». Cuánto daño me han hecho estas palabras. Seguro que muchos de vosotros las conocéis. Es educarte en el miedo. Vaya tontería de refrán. Afirma que no conviene arriesgar aquello que se tiene por algo que es supuestamente mejor. Es la pura idea del conformismo, de resignarnos siempre con aquello que ya tenemos o conocemos, y de evitar los cambios. No renunciar a un empleo que odiamos por otro que podría ser mejor, solo por conformismo. Es la típica frase de quienes no quieren abandonar su zona de confort y tienen miedo al cambio.

Pues yo la tenía muy metida en mi interior. Pasaba los años con una insatisfacción enorme, viviendo como un robot destinado a oxidarme poco a poco, hasta ser sustituido por un modelo nuevo.

La educación obsoleta que había recibido de mis padres y la escuela se había convertido en mi principal obstáculo para avanzar. No culpo a mis padres, ya que ellos se criaron en otra época en la que el estudiar y esforzarse aún tenían recompensa. Cuando ellos eran jóvenes, los que tenían la vida resuelta eran los pocos que habían estudiado. El médico, el maestro, el abogado, etc. Y ellos pensaron, con buena fe, que esto sería la garantía de una vida exitosa. Pues lamento decirlo, pero ese mundo ya no existe.

Hoy sobran empleados y todos tienen estudios. Año tras año salen miles de nuevos estudiantes de las universidades con el sueño de poder incorporarse al mercado laboral. Y que acaban trabajando con contratos precarios y sueldos ridículos. Según los últimos datos, más de un 60% de los jóvenes titulados tienen un exceso de formación para los empleos que desempeñan. Podrían ocupar puestos de trabajos con mayores cualificaciones y mejor remunerados. El problema es que estos puestos cada vez son más escasos y terminan trabajando muy por debajo de su potencial. Se está desperdiciando talento y conocimientos.

Así que, igual que yo he conseguido emprender y liberarme de esta «esclavitud moderna», tú también lo puedes conseguir. Debes usar mejor tu talento y tus conocimientos, realizándote personal y profesionalmente con algo que te apasione. Solo hay que atreverse a seguir sus sueños y convertir tu pasión en un negocio. Acuérdate de que, si tú no lo haces, habrá alguien en alguna otra parte que lo estará haciendo en este momento. No pierdas tu oportunidad.

Tendrás que cambiar profundamente todos tus conceptos que hasta ahora te han inculcado desde pequeño con ayuda del gobierno, las escuelas y las universidades. Porque en ninguno de estos sitios te han enseñado lo que vas a necesitar para ser libre. Te han enseñado justo lo contrario, lo que más les interesa a sus intereses económicos: ser un empleado «obediente».

Las calificaciones de la escuela no determinan la inteligencia, solo prueban la obediencia.
Fíjate en la comparación que veras en la próxima página, para ver lo poco que ha cambiado tu vida de joven como estudiante, a adulto como empleado:

En la escuela	En el trabajo
Hay horario de entrada y salida	Hay horario de entrada y salida
Hay horario para recreo y comida	Hay horario para almorzar
La mayoría usa uniforme	La mayoría usa uniforme o traje
Tienen profesores que se comportan como jefes	Los empleados tienen jefes
Tienen vacaciones limitadas	Tienen vacaciones limitadas
Para ausentarse deben pedir permiso	Para ausentarse deben pedir permiso
Tienen que seguir las reglas establecidas por el director	Tienen que seguir las reglas establecidas por el director
Les mandan qué tareas deben hacer y qué estudiar para el examen	Les mandan que tarea y trabajos deben hacer para alcanzar los resultados

Puedes ver la poca diferencia que hay. Lo importante es que no pienses por ti mismo y que solo obedezcas. Por eso *nos parece más cómodo que nos lideren, que liderar.* Lo llevamos en la sangre desde pequeños y esto se convertirá en uno de nuestros mayores retos como adultos, para conseguir la libertad.

En las escuelas deberíamos recibir una educación financiera, algo que es mucho más útil que otras asignaturas actuales. Además, deberían enseñarnos de jóvenes a ser creativos, a pensar en grande, a no tener miedo a los cambios, a atreverse con nuevas ideas y a no conformarse con la mediocridad.

Me acuerdo de cuántas cosas inútiles tuve que aprender de memoria en la escuela que no me han servido de nada en mi vida. A veces pienso que solo nos quieren tener ocupados para impedir que pensemos por nosotros mismos. Me apuesto que, si hoy volvemos a hacer un examen de la ESO, el 90% de nosotros suspendería. Se nos ha olvidado porque simplemente no se necesita. No nos enseñan nada de lo que realmente importa para tener éxito y ser libre. En cambio, te educan pensando que necesitas más y más títulos para «ser alguien en la vida». En la escuela se aprende mucho, sobre todo, como seguir siendo pobre.

Pues te contaré otra verdad: a mí no me ha servido ni uno solo de estos títulos para conseguir la vida que ahora tengo. Cuando tratas con otras personas o con un cliente, no quiere ver estos «títulos», lo que quiere es que le resuelvas el problema que tiene. Quiere ver resultados, creatividad y profesionalidad en lo que haces.

Está claro que el nivel de estudios no es una garantía del éxito, ni el no contar con un título es garantía de fracaso.

De hecho, muchas de las personas más exitosas del mundo jamás han terminado la universidad. Enseguida se dieron cuenta de que allí no iban a aprender lo que necesitaban para realizar su «gran sueño», y decidieron dar prioridad a sus proyectos personales. Qué gente tan valiente. Dando este paso ya se podía ver la fuerza interior que tenían. ¿De quién estoy hablando?
Por ejemplo, Bill Gates, fundador de Microsoft; Steve Jobs, creador de Apple; Mark Zuckerberg, creador de Facebook; Richard Branson, fundador de Virgin; o Amancio Ortega, creador de Inditex.
Se han convertido en algunas de las personas más ricas del mundo sin un título universitario. Ya sé que esto no es fácil, pero detrás de cada éxito hay un soñador que nunca se rindió.

Con esto no quiero decir que la gente, para tener éxito, tenga que abandonar la universidad. Esa no es mi intención, pero sí cuestionarse algunas cosas. Pienso que los estudios también son una parte importante para poder emprender, pero solo es un granito más en el camino. Hoy en día no se puede basar todo el futuro y tu vida solo en esto. La educación en el colegio y universidades es incompleta. Creo que se podrían eliminar muchas cosas y añadir muchas más prácticas y productivas.

Es importante que, como emprendedor, sigas formándote constantemente y aprendas del mundo, las personas e historias que te rodean. Emprender es un camino lleno de aprendizaje y experiencias.

Aprenderás mucho más de las experiencias y errores que solo de la teoría.

Si quieres tener éxito y ser feliz, deja de vivir tu vida de acuerdo a las reglas y expectativas de las personas a tu alrededor.
Para cambiar esto tendrás que «desaprender» muchas de las creencias que nos han enseñado y empezar a «educarte» a ti mismo. Ni la universidad ni una empresa se pueden hacer cargo de ti y de tu éxito en la vida laboral. Estas viejas creencias pueden ser un gran obstáculo para poder avanzar en tu desarrollo personal y profesional. Hay que liberarse de ellas. Tienes que pensar y actuar por ti mismo.
El inventor estadounidense Edwin Herbert Land dijo una vez: «*A veces no es cuestión de tener nuevas ideas, sino de dejar de tener ideas de las antiguas*».

Yo he pasado de ser un empleado triste y sin pasión a un emprendedor exitoso y feliz, que vive haciendo lo que le apasiona. Ahora gestiono yo mi tiempo, con los horarios que yo quiero, me voy de vacaciones cuando yo quiero, y el tiempo que yo quiero. Soy el jefe de mi vida. A veces combino mis vacaciones con el trabajo porque soy independiente y puedo trabajar sentado en la playa o en una cafetería. Solo necesito un portátil y un móvil. ¡Esto es libertad!

¿Y tú a qué esperas? Si algún día quieres vivir con esta libertad y hacer algo que se adapte a tus valores y que te apasione, en algún momento tendrás que cambiar tu vida y dejar de conformarte con solo «sobrevivir».

Es hora de crear tu propio proyecto personal para empezar tu otra, nueva vida, y recuperar tu pasión y tu libertad. Muchos dicen que emprender es difícil. Yo pienso que trabajar 8 horas diarias, 5 días a la semana, 52 semanas al año, para cumplir los sueños de otra persona... ¡Eso sí que es difícil!

Quedarse en lo conocido por miedo a lo desconocido equivale a mantenerse con vida, pero no vivir.

«Nunca permitas que alguien que renunció a sus sueños cuestione los tuyos»

(Anónimo)

«El éxito llega cuando empiezas a convertirte en la persona que quieres ser»

(Anónimo)

6. Salir de la zona de confort y pasar a la acción

A veces confundimos la comodidad, con la felicidad.

El otro día vi un reportaje sobre una familia, en una cadena de televisión americana. El sueño de esta familia era tener su propia casa con jardín, pero no tenían el dinero para contratar a un constructor. Así que se pusieron a mirar tutoriales en YouTube para aprender a construir. Y unos meses más tarde, consiguieron construir toda su casa, solamente con los tutoriales de YouTube.
Me impresionó la determinación y creatividad que tuvieron para hacer realidad su sueño. A veces solamente hay que buscar la forma y pasar a la acción.
La cuestión es atreverse a dar el primer paso. Es exactamente ahí donde fallamos. Nos educan haciéndonos creer que tenemos que buscar una vida cómoda, con un empleo seguro, lo ideal sería como

funcionario, casarnos, hipotecarnos y vivir la vida según las reglas impuestas por la sociedad. Pero, sobre todo, no debemos salir del camino.

Solo te digo una cosa: ¡qué aburrido! Una vida en la que todo está planeado, sin pasión y sin aventuras.

La realidad es que te levantas cada mañana a las 7:00 para meterte en el tráfico e ir al trabajo, pasar las horas, volver a casa como un robot, esperando que llegue el viernes, esperando que lleguen las vacaciones, día tras día, año tras año... Vamos, una vida mediocre más.

Es verdad que todo es muy cómodo, que no tienes que pensar mucho, que nadie te va a criticar, que vas a sentir que perteneces a un grupo, que perteneces a una sociedad y a una empresa. ¡Te jubilarás y te morirás y nadie se acordará de tu vida!

¿Realmente la comodidad te trae la felicidad? Yo tenía una vida cómoda, con un buen trabajo, una casa y todo el resto, pero nunca me sentí tan vacío como durante esta época. No me llenaba para nada lo que hacía y estaba cansado de vivir una vida que se repetía cada día. En el interior sabía que no estaba feliz y que no tenía libertad, pero no me atrevía a cambiar.

Siempre encontraba excusas para no cambiar mi vida. De hecho, era el rey de las excusas. Si hubiese un premio a quien encuentre las mejores excusas, yo estaría entre los finalistas. Conozco bien de lo que hablo, por eso no me vengas con excusas. Yo no te voy a creer.

Es hora de dejar de mentirnos y cambiar los pensamientos. Si alguien nos pregunta por qué no empezamos un negocio, solemos contestar: Es que ahora tengo un trabajo, o no tengo tiempo o no tengo dinero, etc.

En cambio, alguien que ha emprendido diría: «Tenía un trabajo que no me gustaba, nunca tenía tiempo para mí y estaba cansado de no tener dinero».

Misma realidad, pero diferentes perspectivas.

Mucha gente se convence a sí misma de que carece de la capacidad o potencial para cambiar su existencia mediocre y que tiene que conformarse con lo que les ha tocado. Se venden por mucho menos de lo que valen en realidad.

El secreto para triunfar es atreverse y probar. Las personas que triunfan son decididas e intentan muchas más cosas que los demás. Además, piensan detenidamente las cosas que quieren hacer y después toman sus decisiones con determinación. Prueban y vuelven a probar. Si se dan cuenta de que han cometido un error se corrigen inmediatamente e intentan otra cosa.

Las personas que no triunfan son indecisas, saben que tendrían que hacer o dejar de hacer algunas cosas, pero no tienen la determinación para tomar decisiones firmes.

La consecuencia es que dan vueltas por la vida y nunca alcanzan la felicidad, el éxito, ni logran la independencia financiera. Se conforman con mucho menos de lo que les correspondería.

Hoy en día tenemos Internet, *smartphones*, redes sociales, comercio electrónico, Google, Youtube... ¿Y vas a sacar excusas para no emprender? Nunca hemos tenido tantas herramientas a nuestra disposición como tenemos actualmente.

Lo que pasa es que sigues con miedo. ¿A que sí? Aún tienes dudas, si vas a ser capaz. No pasa nada, es algo normal. Pero te tienes que arriesgar para salir de esta zona de confort. *Todo lo bueno comienza con algo de miedo.*

Está claro que te encontrarás con algunos obstáculos, es parte del proceso. De hecho, muchos de estos obstáculos los encontrarás en tu propio entorno familiar y de tus amigos. Yo sé que ser la oveja emprendedora de la familia no es fácil.

Pero te digo lo que pasará usando unas frases de John C. Maxwell: *«Al principio, te dirán todos que si estás seguro de ello, que es mucho riesgo y que no lo deberías hacer. Cuando vean que no te pueden detener, te dirán cómo lo tienes que hacer. Y, finalmente, cuando lo has logrado, te dirán que siempre han sabido que lo conseguirás. Y la gente te acabará preguntando cómo lo hiciste».*

Durante el proceso notarás cómo cada vez más personas quieren sumarse a tu causa. A la gente le gusta seguir a otros que luchan por sus sueños. No hay nada más erótico que una persona que vive en libertad y realiza sus sueños. Y a las personas les gusta la gente que lucha por conseguir algo. Te daré un ejemplo curioso. Cuando alguien tiene una avería con el coche y se queda parado en la carretera, normalmente nadie se para a ayudar. En cambio, si ves a alguien empujando su coche para intentar que arranque, enseguida se paran otros conductores para ayudar a empujar. Si quieres ayuda, ayúdate a ti mismo y verás cómo otras personas valorarán tus esfuerzos y te intentarán ayudar. A la gente le gusta esto.

Así que llegó la hora. No más excusas y no más zona de confort. ¡Si sigues diciendo que mañana lo harás, nunca vas a empezar!

Empieza por pequeñas cosas para sentirte más «incómodo» y activar tu mente. Rompe tus hábitos que tienes en tu zona de confort. Por ejemplo: lávate los dientes con la mano opuesta que sueles usar, mira el telediario en un canal que no sueles mirar, usa un camino diferente para ir al trabajo, come en un restaurante diferente que aún no hayas probado, haz un deporte que aún no hayas hecho, vístete con un color que no te sueles poner o hazte un *selfie* sin que te importen los *likes*, etc.

Se trata de salir poco a poco de tu zona de confort y luego pasar a cambios más grandes. Verás cómo sentirás nuevas sensaciones que te estimularán.

A veces estamos tan metidos en nuestras rutinas que no nos damos cuenta. Somos como robots, todo está programado.

Te contaré lo que me pasó una vez: Un día decidí, cuando aún era empleado y vivía en Londres, que debería ir en bici al trabajo para ser más activo. Así que al día siguiente cogí mi móvil y calculé con GoogleMaps el camino más corto y rápido para ir al trabajo en bici. Fui durante dos semanas en bici al trabajo, aunque no me gustaba porque en las calles había muchísimo tráfico y contaminación. La verdad es que me estresaba bastante. Un día, por casualidad, habían cortado la calle por la que solía pasar por unas obras. Esto me estresó aún más e incluso me enfadó, porque estuve obligado a cambiar mi ruta, que mi aplicación había calculado que era la ideal. Seguí por otra calle para dar un rodeo y mira qué sorpresa. Encontré un camino en el que no había ni la mitad de tráfico que en la otra calle. Había un parque grande con carril bici e incluso una bonita fuente. Este día disfruté más que nunca de mi viaje en bici y solo tardé 5 minutos más que con la otra ruta. Nunca más volví a coger la anterior ruta calculada. Me di cuenta de que mi vida diaria estaba calculada como una ruta en una aplicación de móvil, no le daba importancia al camino que más me hacía disfrutar, sino que prevalecía la rapidez y el control absoluto. Y a veces estamos tan metidos en estas rutinas que nos impiden ver cosas nuevas, que nos harían disfrutar más y ser más felices.

En mi habitación tengo colgado un poema que suelo leer casi a diario para no olvidarme de vivir mi vida con más pasión. Es de la escritora brasileña

Martha Medeiros, aunque durante muchos años se ha atribuido falsamente al poeta Pablo Neruda:

> Muere lentamente quien no cambia de ideas, no cambia de discurso, evita las propias contradicciones.
> Muere lentamente quien se vuelve esclavo del hábito, repitiendo todos los días el mismo trayecto y las mismas compras en el mismo supermercado. Quien no cambia de marca, no arriesga a vestir un color nuevo, no charla con quien no conoce.
> Muere lentamente quien hace de la televisión su gurú, su amigo diario.
> Muere lentamente quien evita una pasión, quien prefiere el negro por el blanco, y los puntos sobre las «íes» a un remolino de emociones, justamente esas que rescatan el brillo de los ojos, sonrisas de los bostezos, corazones a los tropiezos y sentimientos.
> Muere lentamente quien destroza su amor propio y quien pasa los días quejándose de la mala suerte o de la lluvia incesante.
> Muere lentamente quien no voltea la mesa cuando está infeliz en el trabajo, quien no arriesga lo cierto por lo incierto detrás de un sueño, quien no se permite una vez en la vida huir de los consejos sensatos. Muere lentamente quien no viaja, quien no lee, quien

no escucha música, quien no encuentra gracia en sí mismo.

Muere lentamente quien desiste de un proyecto antes de iniciarlo, quien no pregunta sobre un asunto que desconoce, y no responde cuando le indagan sobre algo que sabe.

Muere mucha gente lentamente, y esta es la muerte más ingrata y traicionera, pues cuando esta se aproxima de verdad, ya estamos muy cansados para recorrer el poco tiempo que nos queda.

Ya que no podemos evitar un final repentino, que al menos evitemos la muerte en pequeñas cuotas. Recordando siempre que estar vivos exige un esfuerzo mucho mayor que simplemente respirar.

No sé si te gusta el poema, pero a mí me encanta.

Si tú no quieres morir lentamente, rompe tu rutina diaria para dar el primer paso y salir de la zona de confort.

La zona de confort es el cementerio de los grandes sueños.

Acuérdate siempre que detrás de la zona de confort se encuentra una nueva vida, llena de pasión y aventuras. Una vida libre y feliz con un nivel de autorrealización que no te puedes ni imaginar. No me digas que esto no es tentador. Así que debes elegir: O emprendes para vivir tus sueños, u otro emprendedor te empleará para realizar los suyos. ¿A qué lado quieres estar?

Claro que no es todo rosa. El camino es largo y con altibajos, pero valdrá la pena. Lo importante es no tener miedo al cambio, probablemente perderás algo bueno, pero al final terminarás ganando algo mucho mejor. Cambiar no significa que pierdas todo lo que tenías, significa que añades. El cambio es en realidad desarrollo.

El ingrediente más importante para conseguirlo es levantarse y hacer algo. Es así de simple. Muchas personas tienen ideas, pero solo unos pocos deciden hacer hoy algo al respecto. No mañana. No la siguiente semana. Sino hoy. El verdadero emprendedor actúa en lugar de soñar.
Lo importante es pasar a la acción. Porque el salir de la zona de confort es avanzar, progresar, aprender y divertirte. *¡Haz lo que quieras hacer, antes de que se convierta en lo que te gustaría haber hecho!*
Así que no esperes más y no vivas la vida de otras personas. La vida es demasiado corta para no disfrutarla al máximo. Porque todos tenemos dos vidas y la segunda comienza cuando nos damos cuenta de que tenemos solo una.
Atrévete a dar el paso para comenzar tu propia vida con tus propias reglas. Empieza poco a poco, pero insiste en ello cada día. Yo no quiero que pase ningún día sin haber aprendido algo nuevo, sin haber

soñado, y sin hacer algo que me acerque un poco más a la vida que deseo vivir.

Repite cada día delante del espejo: ¡Yo quiero, yo puedo y me lo merezco!

Y no importa para nada cuántas veces te equivocas o con qué lentitud progresas, sigues estando muy por delante de los que ni lo intentan.

Y si el plan no funciona a la primera, no pasa nada. Cambia el plan, pero no la meta. Pero ponte en marcha, *Start moving*. Y la mejor manera de empezar algo es dejar de hablar de ello y empezar a hacerlo.

No seas el tipo de persona que no vive sus sueños por estar viviendo sus miedos.

Recuerda siempre: *se paga un precio por ir tras tus sueños, pero se paga un precio más alto por quedarte en el mismo lugar.*

*«La mayoría de la gente gasta más tiempo en hablar
de los problemas que en solucionarlos.»*

(Henry Ford)

7. El código del tiempo y como organizar tu vida

No llega más rápido el que más corre
sino el que sabe dónde va.

El tiempo. Todo el mundo lo quiere, pero pocos lo tienen. En realidad, todos tenemos el mismo tiempo a nuestra disposición. Desde que nacemos hasta que nos morimos. 24 horas al día, 365 días al año. Entonces, ¿por qué algunos consiguen realizar todo lo que se proponen y a otros siempre les falta el tiempo para conseguir sus objetivos?
La clave está en entender las reglas básicas del tiempo.
El uso del tiempo refleja, probablemente de mejor manera, el modo de vivir de cualquier persona:
«Dime cómo usas tu tiempo y te diré quién eres.»

Si realmente quieres cambiar tu vida, sea con tu proyecto personal o profesional, lo primero que debes hacer es una planificación exacta. Aun así, no basta solo con planificar. El planificar es decidir qué se va a hacer. Pero el ejecutar es decidir hacerlo.

Una vez planificado lo que se quiere alcanzar a largo plazo, así como los objetivos a medio y corto plazo, es imprescindible establecer un plan de trabajo y seguirlo con disciplina para alcanzar tu meta. Se trata de establecer una agenda diaria con las acciones que vas a realizar para alcanzar tu objetivo.

Y ahora te revelaré una clave del éxito. Para conseguir llevar a cabo esas acciones planificadas necesitas aplicar el código del tiempo, que es lo que distingue a las personas exitosas de las no exitosas: **¡Aprende a gestionar el tiempo como si fuera dinero!**

Nuestro tiempo es el valor más importante que tenemos, por eso debemos tratarlo como lo que es: un recurso precioso y escaso.

¿A que no te pasas el día tirando tu dinero y, en cambio, eliges bien en qué te lo gastas? Así que, ¿por qué no haces lo mismo con tu tiempo?

Está demostrado que la mayoría de la gente gasta varias horas al día haciendo cosas que, en realidad, ni estaban planificadas ni les aporta algún beneficio real. Las nuevas tecnologías y las redes sociales agravan aún más esta tendencia. ¿Cuántas veces nos pasa que, antes de afrontar una tarea importante, decidimos primero conectarnos un rato a las redes sociales para despejar la mente? Y, de repente, ha pasado una hora sin saber bien en qué la hemos *gastado*. Así que, como se ha hecho tarde, decidimos dejar la tarea para mañana y seguir en la comodidad del mundo virtual.

Otros, se gastan su tiempo en programas de televisión y tertulias de poco valor intelectual, o muchas horas comprando en el centro comercial, delante de la PlayStation, o se pasan las horas hablando al teléfono con una amiga o amigo. Y luego tenemos a los que hacen de todo un poco.

Todos podemos tener más tiempo a nuestro favor si lo sabemos gestionar bien.

Te pongo un ejemplo. Una emprendedora siempre se quejaba de que le faltaba tiempo, que tenía tantas cosas que hacer y que, entre el trabajo, la familia y la casa, no encontraba tiempo para dedicarlo a su proyecto personal. Cuando a principio de semana se ponía a gestionar la agenda en la que debía organizar las horas que iba a dedicar a su proyecto personal, siempre le pasaba que no sabía de dónde sacar el tiempo. Incluso se estaba planteando abandonar su sueño.

Un día pasó algo curioso. En su casa se rompió una tubería de agua y se inundó media vivienda y sótano. Tuvo que actuar y ocuparse de llamar a un fontanero, avisar al seguro, gestionar la limpieza, etc., para que todo volviera al estado como era antes del incidente.

A la semana siguiente calculó, por curiosidad, cuánto tiempo había tenido que invertir para gestionar y resolver el incidente. ¡Dedicó casi siete horas en total en solucionar el problema! Si al principio de la semana le hubieran dicho que tenía que sacar siete horas de su tiempo para dedicárselo exclusivamente a su proyecto personal, habría dicho «¡Esto es imposible!».

Pero cuando cambió las prioridades, fue capaz de encontrar siete horas para gestionar todo.

¡Tienes que tratar tu proyecto o tus objetivos personales como si fueran una rotura de tubería de agua! Para poder conseguirlo, tu proyecto tiene que convertirse en una prioridad en tu vida, y para eso, muchas otras cosas tienen que pasar al segundo plano.

Define tus metas personales

Ahora toca reflexionar. Lo primero que te voy a preguntar es lo siguiente:
¿Te acuerdas cuando eras pequeño y querías hacerte mayor para poder hacer lo que deseases?
¿Cómo vas con eso?

No siempre hemos conseguido llegar al sitio al que queríamos llegar o incluso nos hemos convertido en eso de lo que huíamos de jóvenes. Por eso es necesario determinar con exactitud: ¿Qué te gustaría ser de mayor?

Da igual qué edad tengas en este momento, es hora de definir exactamente qué quieres hacer con el resto de tu vida.

La mayoría de la gente no suele planificar demasiado su vida. Muchos dedican más tiempo a elegir un mueble de casa que a planificar su vida. Suelen navegar sin rumbo y dejarse llevar, limitándose a reaccionar a las cosas que pasan a su alrededor, pero sin poder influir en ellas. En consecuencia, fracasan a menudo en lograr sus objetivos deseados.

La planificación debe convertirse en un hábito para que las cosas sucedan con más facilidad.

Debes crear una estrategia clara y definida, fijando metas a corto, medio y largo plazo. Intenta verte a ti mismo siendo feliz en el futuro y haciendo ¿qué? Ahí tenemos la clave. Debes tomarte el tiempo para definir exactamente tu otra, nueva vida. Tienes que ser lo más preciso posible. Mientras más concreto y específico sea, más probabilidad hay de que consigas llegar a este sitio. Tener objetivos bien definidos es la mejor garantía de mantenerte motivado. Una vez definidos, escríbelos y repásalos al detalle. No te pongas límites innecesarios, tienes que ser ambicioso contigo mismo. No te conformes con menos de lo que realmente deseas. Y no te preocupes cuánto tiempo podrás tardar en realizarlos. No te faltará tiempo. En realidad, dispones de todo el resto de tu vida para conseguirlo.

Los factores esenciales para alcanzar tus objetivos

Una vez definidas tus metas, objetivos y cómo te gustaría que fuera el resto de tu vida, hay cuatro factores esenciales para alcanzarlos:

- Capacidad para eliminar lo superfluo.
- El compromiso contigo mismo.
- El arte de no compararse con nadie.
- Encontrar tu horario productivo.

Capacidad para eliminar lo superfluo

¿Qué peso tiene lo superfluo en nuestras vidas, en nuestro proyecto profesional? ¿Cuánto tiempo invertimos realmente en cosas poco importantes? Papeleo burocrático, llamadas, cientos de correos, chats, WhatsApps, horas de televisión, de internet, exceso de comida y bebida, horas de compras en centros comerciales... El número de opciones para aligerar nuestra mochila diaria y solo cargar con lo imprescindible para el viaje puede ser muy amplio.
Habitualmente solo nos concentramos en las tareas que debemos hacer para alcanzar nuestros objetivos, pero lo más probable es que nuestro problema se encuentre, sobre todo, en que tratamos de hacer demasiadas cosas. Y muchas de ellas no contribuyen

demasiado en alcanzar los objetivos que nos hemos propuesto.

Por eso deberíamos cambiar el enfoque. En vez de preguntarnos solamente: ¿Qué debo hacer?, también es imprescindible preguntarse: ¿Qué debo dejar de hacer de lo que habitualmente hago?

A veces, la solución a nuestra falta de tiempo no está tanto en hacer más cosas o hacerlas más deprisa, sino en dejar de hacer algunas de ellas, sobre todo aquellas que no nos aportan un valor real y no nos acercan a nuestros objetivos. Muchas veces peleamos en más guerras de las que podemos sostener.

Eliminar lo superfluo sirve para enfocarse en lo importante y visualizar el objetivo. Si uno quiere, el tiempo se encuentra porque, de hecho, existe. Solo se necesita una reorganización clara de los distintos frentes abiertos.

Las personas disponemos de un nivel de energía limitado para aplicarlo a nuestra vida. Optimizar nuestra energía seleccionando bien en qué la gastamos, nos ayudará a dedicar la mayor cantidad de energía a las cosas que realmente nos aportan valor en nuestra vida. Cuando esto se cumple vives mejor, de forma más intensa y plena, estás más conectado con el presente y tu energía aumenta. Y esto se debe a la liberación que experimentas.

Así que te invito a reflexionar sobre todo lo que haces en tu vida que no te aporta nada y que te ocupa mucho espacio mental. ¡Haz una lista de ello!

Seguro que muchas cosas de esa lista podrás suprimirlas para siempre, y otras tantas apartarlas temporalmente. Dejando espacio en tu vida permites que entren otras cosas que sí que te aportan energía, como nuevas ideas, nuevos proyectos, nuevas personas...

El compromiso contigo mismo

El compromiso con uno mismo es uno de los compromisos más difíciles de asumir porque implica tomar conciencia de nuestra manera de vivir sin engañarnos a nosotros mismos. Hablamos de un pacto con nosotros mismos para dar lo mejor en cada momento y avanzar hacia nuestros objetivos. Esto implica hacer cosas que no siempre nos apetece hacer, pero que resultan imprescindibles para lograr un *objetivo mayor*. Al ganador no le asusta hacer cosas que no le gustan, porque tiene muy claro que sin ellas no conseguirá realizar sus sueños.

El compromiso contigo mismo implica exigirte el máximo en cada momento, pero también cuidarte, respetarte y quererte, aunque no salga todo como lo tenías previsto. No te critiques a ti mismo si has cometido un error. Más bien intenta aprender de este error y tomártelo con algo de humor. Aprende a apreciarte de manera positiva en toda situación, es decir, incrementa tu nivel de autoestima. La autocrítica negativa no resuelve problemas, solo los complica. Si aprendemos a sentirnos a gusto tal como somos, si tenemos una relación saludable con nosotros mismos, si somos capaces de vernos positivamente en cualquier circunstancia, todo es posible. O como ya dijo Oscar Wilde: «*Amarse a uno mismo es el comienzo de una aventura que dura toda la vida*».

El arte de no compararse con nadie

¿Quieres saber cómo puedes sentirte frustrado en un solo segundo? Compárate con otra persona mejor que tú.

Si veo a otra persona que es más guapo, más inteligente y que gana mucho más dinero que yo, y me comparo con él, enseguida me sentiré insatisfecho y frustrado.

Cuando te comparas con gente exitosa de tu edad, no puedes evitar sentirte mal e incompetente. Siempre pensamos que el césped es más verde en el jardín al lado. Se trata de una característica típica de alguien insatisfecho y frustrado que vive en permanente comparación con el vecino, potenciado por una sociedad consumista en la que la publicidad trabaja constantemente nuestra mente y en la que nunca tenemos suficiente.

No podemos dejar de compararnos con los demás. El problema es que, si hacemos esto, no hay fin para estas comparaciones. Una vez que comienzas a compararte con los demás, siempre encontrarás a alguien que es mejor que tú. No importa qué rico seas, qué guapo o qué inteligente. Siempre habrá otra persona que será más rica, más guapa o más inteligente. Incluso si consigues convertirte en un hombre o mujer de negocios rico y exitoso, aún te sentirás que no eres nada cuando te comparas con Bill Gates o Amancio Ortega. Incluso si consigues ser importante en un campo determinado, siempre encontrarás formas de compararte con otras personas mejores.

Solo cuando dejas de compararte, te encuentras a ti mismo.

En el proceso de escribir este libro, nunca hubiera podido escribir una sola palabra si hubiera comenzado a pensar en otros libros y escritores famosos que son mejores que yo.

Reconozcámoslo, siempre habrá personas que son mejores que nosotros. Si comenzamos a compararnos con esas personas, la sensación que sentimos de que no somos nada en comparación con ellos nos paralizará por completo. Este es uno de los motivos por el que no emprende mucha gente, porque se suelen comparar con los mejores y piensan: ¿Quién soy yo para hacerlo?

Este pensamiento limitante provoca que nunca nos atrevamos a hacer algo importante o a empezar un proyecto nuevo. Pero cuando dejes de compararte con otras personas, te sentirás libre de hacer lo que quieras. Para eso debemos aceptar nuestras posibilidades y nuestros límites. A mí me encantaría jugar al tenis como Nadal o conseguir lo que ha hecho Steve Jobs, pero el sentido común me dice que va a ser que no. Eso no quita que disfrute jugando al tenis en mi tiempo de ocio o que consiga realizarme con mi propio proyecto personal y alcanzar la libertad financiera. Sin comparaciones, comenzarás a descubrir quién eres realmente y todo lo que puedes conseguir. Cada uno de nosotros es una edición limitada, y lo que hagas tendrá tu propio sello personal. No hace falta ser mejor que nadie, la vida no es una competición.

Así que deja de compararte con los demás y sigue tu propio camino sin preocuparte de lo que los demás piensen de ti.

El temor a lo que piensen los demás es la prisión más grande en la que viven las personas.

Encuentra tu horario más productivo

Para alcanzar tus objetivos con más facilidad es recomendable realizar las tareas que exigen mayor esfuerzo intelectual en los horarios del día en el que tu cerebro será más productivo.

Todos llevamos un reloj interior que marca nuestro nivel de energía durante diferentes horas del día, conocido en la ciencia como ritmo biológico, que es estudiado por parte de la cronobiología. Este proceso, que gana cada vez más importancia en la sociedad y en las empresas más avanzadas, muestra claramente cómo existen diferentes tipos de personas que se mueven a ritmos biológicos escalados durante el día.

A algunas personas les encanta despertarse temprano incluso antes de que salga el sol. Suelen despertarse con facilidad, llenos de vida y contentos. Son muy productivos a primeras horas del día y a media mañana. Eso sí, en cuanto se hace de noche, caen rendidos y duermen como bebés. Son denominados por los expertos con el nombre de Alondras.

En cambio, lo contrario son los denominados Búhos. Ellos odian las primeras horas del día y les cuesta mucho levantarse. Se despiertan poco a poco y solo son personas mucho más tarde. Entonces ya no hay quien les pare, pueden permanecer activos hasta muy tarde y siempre encuentran algo que hacer a última hora. Y es probable que acaben su jornada leyendo un libro o mirando la tele, en espera del sueño.

Esa diferencia de reloj interior la marcan más de 20 genes. Así que ser un Búho o una Alondra no es algo que se pueda elegir. Estos relojes biológicos que llevamos dentro rigen nuestro día a día, pero no siempre se corresponden a lo que marca la cultura y la sociedad.

La mayoría de los humanos tienen genes búhos y, sin embargo, nos tenemos que levantar temprano para seguir los horarios marcados por la sociedad y vamos al trabajo como si fuéramos zombis.

Este fenómeno de nuestra sociedad de trabajar en horas que muchas veces van contra nuestra naturaleza, fue definido por el experto en cronobiología Till Roenneberg como vivir constantemente en un *jet lag social*:

> «Nuestro ritmo de vida está marcado por el reloj exterior en vez del interior. El horario social que ya viene marcado por los horarios escolares nos encamina en esta dirección desde niños. Y cuando alguien tiene un reloj interno con horarios tardíos y debe acatar un horario social que empieza muy temprano, esa discrepancia, ese desajuste, entre el tiempo interno y el tiempo social, es lo que denominamos jet lag social. Es como viajar a una zona horaria diferente, pero sin moverse del lugar. Es decir, no sufren el jet lag real de los viajes, pero la situación es la misma. Los relojes internos y los relojes sociales prácticamente les condenan a vivir en horarios diferentes a los suyos.»

La gente que sufre esto, saben exactamente de lo que hablo. Hay estudios que muestran que, a la hora de elegir pareja, inconscientemente, se juntan los tipos Alondras con otras Alondras y los tipos Búhos eligen otros Búhos como pareja. Tiene su lógica, ya que evitan discusiones innecesarias en temas fundamentales para la pareja, y mejoraran notablemente la armonía entre ellos a la hora de compaginar los horarios para hacer cosas conjuntamente.

Nos sentimos mejor y más productivos si nos movemos en sincronía con nuestro reloj interno. Algunas empresas innovadoras como Google ya se han ajustado a esta realidad y ofrecen a sus empleados un horario flexible. Tienen que trabajar sus ocho horas, pero pueden elegir cuándo entran a trabajar y cuándo salen, para así sacar el máximo rendimiento a su creatividad. Incluso tienen una habitación de descanso por si quieren echarse un rato en siesta y volver luego al trabajo con más energía. Aquí en España la mayoría de las empresas aún tiene un concepto anticuado y tardarán bastante tiempo en aprender que esto ayuda a que los empleados sean más productivos, lo que acaba ayudando a los intereses de la empresa.

A la hora de emprender tu proyecto debes tener en cuenta tu reloj interior para ser más productivo y sacar el máximo provecho a las horas que dedicas a tu proyecto. Haz un seguimiento de ti durante el día y fíjate en qué horas te sientes con más energía y creatividad. Luego traslada el trabajo mental a estas horas, sobre todo, el fin de semana, cuando tienes más tiempo para dedicarte a tu proyecto. Si eres del tipo Búho no tiene sentido que te levantes muy temprano para ponerte a trabajar, ya que a esas horas estás, intelectualmente, en inferioridad de condiciones. En cambio, si eres Alondra no ayuda quedarte trabajando hasta tarde, ya que bajará tu productividad. Yo, por ejemplo, estoy escribiendo este libro a las 22:00 horas, porque soy un Búho y a esta hora encuentro una calma y creatividad que por la mañana me sería imposible tener. De hecho, desde que he emprendido mi propio negocio, nunca me levanto antes de las 10:00 de la mañana, pero sí suelo trabajar hasta más tarde. Ya sé que algunos ahora sentirán envidia, espero sana, de mi forma de vida, pero esto es una de las grandes ventajas cuando eres tu propio jefe. Tú determinas tus horarios. Si consigues, en la medida de lo posible, sincronizar tu trabajo de proyecto con tu reloj interior, serás mucho más productivo y feliz. Cuando estás al máximo de tu capacidad intelectual y te concentras en realizar una tarea, puedes hacer en dos horas lo que de otra forma tardarías cuatro.

«En un mundo donde todos hacen lo mismo, la clave es ser diferente.»

(Anónimo)

«Para ser irremplazable, uno siempre debe ser diferente.»

(Coco Chanel)

8. Crea tu marca personal

Sé original, las copias siempre se venden más baratas.

Hoy más que nunca vivimos en un mundo digital. Prácticamente todo está expuesto en internet y en las redes sociales, y cada vez más importante es la «imagen virtual» que tienes. Muchos departamentos de Recursos Humanos en grandes empresas utilizan las redes sociales para valorar a un candidato antes de emplearle. Y créeme que en las redes sociales encuentran más información sobre un candidato que en su currículum. Facebook nos conoce mejor que nosotros mismos. Las empresas pueden ver qué gustos tiene el solicitante, cómo es su orientación política, qué aficiones tiene y con qué gente se relaciona. Y en función de estos y otros aspectos pueden valorar mejor si la persona encaja en la identidad corporativa de la empresa o si podría acabar siendo conflictivo para sus estrategias.
Así que cuida bien tu imagen «virtual» y más si eres un emprendedor que vive del contacto directo con los clientes.

La marca personal (o *personal branding*) es uno de los aspectos más importantes en tu estrategia como emprendedor. Da igual a qué te quieres dedicar, siempre que hagas una presentación o una reunión de venta con un cliente, no solo vendes un servicio o un producto, también estás vendiendo quien eres. Los clientes no suelen comprar solo un producto, sino que también compran a la persona que está detrás y que les transmite la confianza y profesionalidad que buscan.

Pero ¿qué es esto del *personal branding*?

Se trata de un concepto adaptado del inglés que se puede traducir como marca personal. Esto incluye desde la elección de la marca (*naming*), a nombre de la empresa, página de internet, redes sociales, campañas de marketing, etc.

Esta marca personal será tu propia identidad e imagen, que te permitirá diferenciarte y posicionarte en el mercado de tu negocio. Pero para elegir bien tu identidad debes primero definir claramente tus valores y estrategias.

Tomate el tiempo para contestar las siguientes preguntas:

¿Cuál es la solución que deseas ofrecerle a tu cliente?
¿Cuál es tu estrategia para llegar a tus clientes?
¿Por qué lo haces y qué valor aportas a tus clientes?

¿Qué te hace diferente?
¿A qué grupo de personas te quieres dirigir?
¿Quién es tu cliente ideal?

Estas son algunas de las cuestiones básicas que debes plantearte antes de emprender y crear tu marca que te distinga del resto.

Es muy diferente una marca basada en una persona o en un producto. Por eso recomiendo que definas bien tu negocio antes de desarrollar tu marca. Por ejemplo, si eres un diseñador gráfico o un artista que quieres trabajar como *freelance,* podrías usar incluso tu propio nombre como marca personal. En cambio, si quieres crear una tienda online a lo mejor deberías usar mejor una marca como empresa.

Esto debería ir acompañado por un toque personal que distinga tu negocio, como puede ser una frase (eslogan) y un logo. Esto ayuda a crear una conexión emocional con tus clientes y hace que la imagen de tu negocio se recuerde más fácilmente.

Pero la marca personal no solo se limita a un nombre o un logo. Tu marca personal eres tú mismo. Tiene que corresponder con quien eres en realidad. Esto también implica: qué haces, qué ropa te pones, qué te gusta, tu web, tus redes sociales y qué productos consumes. Muchos emprendedores cometen el error de crear una marca pensando solamente en el producto, pero se olvidan que después tienen que defenderla a diario delante de clientes. Si la imagen que ofreces no es natural y no corresponde a la persona que eres en realidad, los clientes lo notarán y no se identificarán contigo. Te costará convencerles de creer en ti y en tu producto o servicio. No hay nada más decepcionante que alguien falso que intenta vender algo que no se corresponde a quien es. Así que tienes que ser honesto contigo mismo y adaptar la marca personal a quien eres de verdad y los valores que te definen. No tengas miedo a mostrar tu parte más humana y sincera, esto hará que la gente conecte contigo y se sienta identificada con la persona que tiene enfrente. A la gente le gustan los originales y no las copias baratas.

Una vez definido qué va a ser tu marca personal, el último paso es asegurar la marca. Una marca es un título que concede el derecho exclusivo a la utilización de un signo para la identificación de un producto o un servicio en el mercado, lo que les permite diferenciarse de los competidores y reforzar la acción publicitaria.

Lamentablemente, el mundo de los negocios está repleto de personas o empresas que intentan copiar a otros. Aunque el registro de una marca o nombre comercial está relacionado a unos gastos y puede tardar meses, es recomendable que lo asegures por si alguien te intenta copiar tu idea. Nunca sabes cuánto puede crecer tu negocio y cuánto éxito puede tener. Y en cuanto tengas éxito habrá otros que se interesen por él. Es especialmente conveniente proceder a registrar marcas o nombres comerciales en actividades como el diseño de moda, joyería, la elaboración de productos alimenticios, negocios con perspectiva de franquiciar o si piensas crear una cadena de tiendas en el futuro.

Las marcas pueden adoptar muchas formas, por ejemplo, pueden ser marcas las palabras o combinaciones de palabras, imágenes, figuras, símbolos, gráficos, letras, cifras, formas tridimensionales. A la hora de presentar tu solicitud para registrar tu marca, si el nombre comercial o marca que has elegido incluye algún elemento gráfico (como puede ser un logo), una determinada tipología de letra o colores, tendrás que tener un diseño elaborado, dado que te van a exigir presentar reproducciones del distintivo de tu nombre o marca.

El registro de una marca o nombre comercial se puede hacer hoy en día con bastante facilidad a través de internet, y suele tardar varios meses. En la página www.oepm.es (Oficina Española de Patentes y Marcas) encontrarás toda la información necesaria para hacerlo. Allí podrás verificar si la marca o nombre comercial ya han sido registrados con anterioridad. Esto es algo que siempre debes hacer antes de pedir el registro, para evitar pagar y que luego resulte que la marca o nombre comercial ya existe y te sea denegada. La marca o nombre comercial es concedida y protegida durante 10 años. A los diez años, desde la fecha de solicitud, la marca y/o el nombre comercial deben renovarse. La OEPM te avisará del vencimiento de dicho plazo con suficiente antelación.

Una vez que tengas claro qué es tu negocio, qué ofreces y a quién te diriges, debes definir qué forma jurídica es la más adecuada para ti. La mayoría de os emprendedores suelen optar por ser *freelance* o agente independiente y darse de alta como autónomo. Yo también recomiendo comenzar la actividad de esta forma, ya que crear una S.L. (Sociedad Limitada) conlleva un coste mayor y solo es más ventajoso fiscalmente cuando ya tienes beneficios más elevados (a partir de unos 35.000-40.000€ anuales, aproximadamente). Además, constituir una sociedad te exige aportar un capital social de 3000 euros. Es cierto, eso sí, que una vez depositado en el banco, es posible disponer de ese dinero para los gastos de la empresa. Para hacerte autónomo, por el contrario, no necesitas hacer ninguna inversión inicial.

El último de los costes que debes evaluar es el de la gestión. Crear una SL es más complicado que darse de alta como trabajador por cuenta propia. A eso, hay que añadir que la contabilidad es también más dificultosa, por lo que el gasto en asesoría será mayor.

Si empiezas como autónomo, siempre podrás posteriormente constituir una sociedad si tu negocio comienza a funcionar muy bien y lo ves necesario. La única excepción puede ser si creas una empresa con un socio y ambos aportan capital. En este caso el crear una sociedad con diferentes socios puede ser ventajoso y más seguro.

¿Pero qué es un *freelance*?

La palabra deriva del término medieval inglés usado para un mercenario (*free* = independiente, y *lance* = lanza), es decir, un caballero independiente que no servía a ningún señor y cuyos servicios podían ser alquilados por cualquiera.

Exactamente esto es lo que hace un emprendedor. Es totalmente independiente y ofrece un producto o servicio a cambio de una retribución. Es independiente, libre, creativo, puede escoger su horario de trabajo y hace algo que le gusta. Esta empresa personal tiene muchas ventajas. Puedes trabajar desde casa o, como lo hago yo a veces, desde una cafetería o sentado en la piscina. Puedes empezar con una inversión mínima e incluso empezar a tiempo parcial con un horario flexible. Y, sobre todo, trabajar en algo que te gusta y elegir el proyecto que te interese más y no el que te impone un jefe. Además, el empezar como *freelance* te aportará una experiencia importante que te ayudará a crear más fácilmente una infraestructura empresarial para transformarte en un gran empresario posteriormente.

El empleo en forma de agente independiente es una tendencia creciente. En Estados Unidos, esta forma de trabajar como *freelance* es algo normal, existen más de 50 millones de personas que tienen su propia empresa personal y trabajan desde casa por proyectos. Esto es el 38% de la fuerza laboral americana. Para 2025 se espera que sean el 50%, un crecimiento que también se extenderá al resto del mundo. Los especialistas en recursos humanos alertan de una tendencia que cada vez será más extendida. Las empresas en su afán por reducir costes y riesgos ante futuras crisis económicas, continuarán adelgazando sus departamentos, hasta llegar al punto de que muchas de sus tareas serán realizadas por trabajadores externos, contratados solo para proyectos concretos. Como ya pasó con el *outsourcing* (externalización) de ciertos servicios que no eran fundamentales para las empresas, el siguiente paso será prescindir de trabajadores fijos y recurrir a *freelancer*. Las empresas ahorran costes fijos y de contratación mientras que los trabajadores por cuenta propia podrán seleccionar diferentes proyectos de diferentes clientes ganando en flexibilidad e independencia.

La tendencia global ya está en curso. Cada vez hay más empresas que han entendido la importancia que tendrá esta forma de trabajar en el futuro y han creado plataformas en internet para *freelancer*. En estas webs, los trabajadores por cuenta propia pueden ofrecer sus servicios, y las empresas anunciarse cuando buscan a agentes independientes para un proyecto en concreto. Por ejemplo: Infojobs Freelance, LanceTalent, Job and Talent o Hopwork.

Las herramientas que tenemos a nuestra disposición hoy en día para esta forma de trabajo son fantásticas. Internet nos abre un mundo de posibilidades que solo tenemos que aprovechar al máximo.

Empieza a actuar ya y no pierdas más tiempo. Si no lo haces ahora, dentro de unos años te aseguro que desearás haber empezado hoy.

Emprender tu propio proyecto como *freelancer* es como irse de viaje en avión. En el primer vuelo estarás nervioso, pero luego se convertirá en algo normal:

«Pasajeros con destino al éxito, por favor abróchense los cinturones. A lo largo del vuelo habrá poca visibilidad y unas turbulencias que debemos superar para llegar a nuestro destino en lo más alto: La libertad».

«Nadie encuentra su camino, sin antes haberse perdido varias veces.»

(Anónimo)

«Ningún camino fácil te llevará a algo que valga la pena.»

(Anónimo)

9. Diferentes formas de emprender

No esperes a que las oportunidades aparezcan. ¡Créalas!

A primera vista, emprender y alcanzar la independencia económica puede parecer una tarea abrumadora. Con demasiada frecuencia las personas llegan a la conclusión de que son incapaces de crear su propio plan y seguirlo para emprender. Piensan que esto es solo para genios y personas muy inteligentes que conocen «las reglas del juego». Y otras muchas personas dicen que no emprenden porque no tienen una idea buena. Todos ellos están lejos de la verdad.
¡Un emprendedor exitoso no es el que tiene muchas ideas, sino el que sabe sacar provecho de las pocas que tiene!

La mayoría de los emprendedores con éxito simplemente empezaron con un sueño y fueron disciplinados. Muchas de las grandes ideas de negocio empezaron por algo muy diferente y luego lo adaptaron a la demanda que se encontraron en el camino. Mira, por ejemplo, a Apple. Comenzaron a hacer ordenadores y nadie pensaba en hacer móviles. Pero en el camino consiguieron ver una demanda en la que podían usar su tecnología y sus conocimientos y ahora es una de las empresas más importantes de *smartphones* en el mundo.

Lo importante es empezar, y te aseguro que en el camino te encontrarás muchas más oportunidades. A mí también me ha pasado. Por ejemplo, yo tengo una consultora que está especializada en inversores internacionales que compran propiedades en España. Cuando empecé, simplemente quería ofrecer un servicio personalizado para ayudar y asesorar a los inversores internacionales. No pensé en otras opciones. Pero con el tiempo, muchos de mis clientes que habían comprado una casa en España solo la usaban durante un periodo al año y el resto del tiempo estaban vacías porque los propietarios viven en el extranjero. La consecuencia fue que muchos de mis clientes, al estar contentos con mis servicios, me preguntaban si no les podía recomendar a alguien de confianza que se ocupase del mantenimiento y limpieza de la casa mientras estaban fuera. Pues esto me dio la idea de que yo mismo podía ofrecer con mi empresa este tipo de servicio de postventa. Así que creé un servicio adicional para los clientes que se ocupa del mantenimiento de las casas, su limpieza y puesta a punto para cuando llegan a España. Están listas para disfrutar de ellas desde el primer minuto de las vacaciones sin tener que perder tiempo. Encuentran todo lo que necesitan en su casa, desde el vino y la comida favorita en el frigorífico, hasta las flores que prefieren en el salón. Muchos de los clientes a los que asesoro y compran una casa, acaban contratando este servicio, pero no porque lo hubiera planeado, sino por la demanda que me encontré en el camino.

Tienes que tener claro que ser emprendedor es un estilo de vida. Muchos emprendedores acaban siendo emprendedores «en serie», porque una vez que has descubierto este mundo y la fuerza que tiene, ya nunca más quieres volver atrás. Caminarás por las calles observando todo lo que ves a tu alrededor, para encontrar tu próxima idea y tu próximo proyecto. Y tus clientes te pueden ayudar con esto. Tómate el tiempo de escucharles y saber qué opinan sobre el producto y el servicio, y qué se podría mejorar. Sobre todo, a los clientes insatisfechos. Como dijo Bill Gates en una ocasión: *«Tu cliente más infeliz es tu mejor fuente de conocimiento y aprendizaje».*

Luego, todo depende de cómo enfocas las cosas. Es importante estar abierto a nuevas posibilidades. No sé si conoces la historia de una empresa que producía zapatos y que después de la guerra quería empezar a exportar al extranjero. Así que decidieron enviar a dos comerciales a África para que valorasen las oportunidades de negocio que había en este continente. Cada uno debía enviar un telegrama en cuanto hubieran llegado a una conclusión, para saber si era posible exportar zapatos a África. El primero escribió: «No hay ninguna oportunidad de negocio. La gente aquí no lleva zapatos». En cambio, el otro contestó: «Hay grandes oportunidades de negocio. La gente aquí aún no lleva zapatos».

Es importante tener la mente abierta para imaginarse qué oportunidades hay, antes de que sean visibles. Y no tengas miedo de abrir nuevos caminos. Como dijo Steve Jobs: «*A veces la gente no sabe que necesita algo, hasta que se lo enseñas*».

Intenta emprender con una pasión tuya que puedas convertir en un negocio, o algo que conozcas. Muchos de los negocios nuevos que mejor funcionan son aquellos en los que el emprendedor soluciona problemas que él, como cliente, también ha tenido, y se le ha ocurrido una forma diferente y mejor de resolverlos.

Los negocios más rentables y exitosos son empresas que ofrecen productos y servicios «de otros» y que ellos mismos no han tenido que invertir nada para obtenerlos. Como ejemplo de ello doy a AIRBNB, Uber, Blablacar, Booking.Com, Wallapop o Just Eat.

AIRBNB es la plataforma mundial más grande en alquiler de apartamentos vacacionales. Alquilan a diario miles de apartamentos en todo el mundo y cobran una comisión, pero no han tenido que comprar ni un solo apartamento de los que alquilan. El producto es de otra persona, pero ellos lo alquilan a terceros sin haber gastado dinero en tener que comprarlo. Lo mismo pasa con Uber, ofrecen servicios de taxi, pero no han tenido que comprar ni un solo coche para hacerlo. O, por ejemplo, JustEat vende comida a domicilio en todas las ciudades, pero no ha tenido que comprar ni un solo restaurante propio. Y lo mismo pasa con Wallapop y el resto.

Si consigues crear un negocio de este tipo y empieza a funcionar, te aseguro que acabarás siendo rico. Intenta crear un negocio que ayude y solucione problemas a otras personas y la gente te comprará. Concéntrate en ayudar a tus clientes y no a ser famoso. El problema hoy en día es que la gente no quiere ser útil, sino famoso. Las redes sociales están llenas de personas que quieren que les admiren y se olvidan de que para ser conocido y tener éxito, primero tienes que ser útil y dar soluciones a los clientes. El resto llegará solo.

El Producto Mínimo Viable (PMV)

Una vez que has decidido emprender, debes averiguar qué y por qué estarán dispuestos a pagar tus clientes. La primera hipótesis que debemos comprobar es si existe un mercado para el producto o servicio que queremos desarrollar. Por lo tanto, antes de empezar a desarrollar debemos comprobar que, efectivamente, hemos detectado un problema que la gente quiere solucionar. Para eso es recomendable el concepto PMV, Producto Mínimo Viable.

Muchos emprendedores cometen el error de invertir muchos meses y dinero en crear un producto perfecto, con mucha variedad, para posteriormente lanzarlo al mercado. Pero es posible que, cuando vayas a venderlo, el cliente no lo quiera, no lo necesite o no sepa apreciar las ventajas de comprar este producto o servicio. La consecuencia es que habrás perdido mucho tiempo y dinero.

La mejor opción para evitar esto es creando un «prototipo». Se trata de elaborar una primera versión básica de tu producto/servicio y probar cómo funciona entre tus potenciales clientes. No se trata de buscar la perfección en esta primera versión, porque si no nunca arrancarás. A veces nos ponemos a agregar o mejorar cosas que impiden lanzar nuestra primera versión lo antes posible. El fin es crear una primera versión de nuestro producto o servicio con un coste mínimo, para ofrecérselo a nuestros clientes potenciales, y así recibir un *feedback* de los clientes sobre lo que piensan, cómo lo valoran, si lo aceptan y están dispuestos a pagar por ello. Teniendo esta información, podrás ir puliendo las funcionalidades de tu producto/servicio para mejorarlo. Es más fácil agregar y mejorar cosas sobre una primera versión básica, que tener que comenzar de nuevo si no funciona.

Sal a la calle con tu idea y habla directamente con tus potenciales clientes. Explícales: «Esto son tus problemas y esto es lo que necesitarás cambiar. La solución que usas no es eficaz, pero yo podría hacer esto y esto...».

La ventaja es que si tu producto no tiene el resultado esperado, lo sabrás pronto y sin haber gastado demasiados recursos. Cuanto antes sepas cuáles son los puntos débiles de tu producto/servicio, antes podrás mejorarlo.

El método Kaizen

Las empresas japonesas son algunas de las más eficaces y con la mejor calidad en sus productos. Muchos conocemos sus marcas como: Toyota, Kawasaki, Nissan, Toshiba, Canon, Casio, Bridgestone, Honda, Mazda, Lexus, Nintendo o Sony, entre otras.

Muchas de sus marcas son conocidas por ser los de mejor calidad. Por ejemplo, los coches. La mayoría piensa que los coches alemanes son los de mejor calidad, pero muchos no saben que las marcas japonesas como Toyota, Lexus u Honda se encuentran hace muchos años en los primeros puestos del ranking de los coches más fiables. Son conocidas por ser unas de las primeras en introducir el método Kaizen.

Por ejemplo, Toyota tiene a todos sus empleados instruidos para que, cuando detectan un error en la cadena de montaje, enseguida informen a su superior. Incluso tiene la posibilidad de parar toda la cadena de montaje si detecta que se trata de un fallo grave. Y hasta es incentivado por avisar de un error. Esta forma continua de solucionar el problema inmediatamente permite corregir los problemas antes de que llegue al cliente. Porque cuando el cliente lo percibe, ya no hay opción de mejora. Es una forma de pensar colectiva que prevalece sobre la individual.

En España tenemos la tendencia de ignorar los pequeños errores, esperando que otra persona lo resuelva o hacerlo sin pedir ayuda. Lo importante es que nadie se entere.

Kaizen es japonés (*Kai* = Cambio y *Zen* = Mejora). En español lo traducimos como «mejora continua». Pero no hace falta ser una multinacional para usar el Kaizen.

El Kaizen se basa en la filosofía de *que un largo camino comienza con un pequeño paso.* A veces, nos cuesta arrancar porque nos ponemos metas tan grandes que nos intimidan y tenemos miedo a fallar. Estas metas tan grandes nos abruman y hacen que lo veamos más difícil de lo que en realidad es. Pero si cambiamos un reto enorme por una pequeña acción, nos genera un impulso para ponernos en movimiento. Se trata de realizar pequeñas acciones concretas y sencillas y, de este modo, hacer el cambio tan fácil que sea difícil de fallar. O como dijo Henry Ford: «*Nada es particularmente difícil si lo divides en trabajos pequeños*».

Se trata de comenzar y ser progresivo en el tiempo para introducir mejoras continuas en tu proyecto y conquistar pequeñas metas día tras día. Un pequeño paso en la dirección correcta cada día es mejor que ningún paso.

No debe pasar ningún día sin que se haya hecho alguna clase de mejoramiento, sea a nivel familiar, social o en tu proyecto. El mejoramiento continuo, pero en pequeños pasos para que sean realizables.

Una vez conseguidos estos retos, te motivarán para seguir adelante y hacer pasos más grandes. Debes detectar las acciones que son necesarias resolver y hacerte cargo de ellas sin posponerlo. Acción inmediata y evitar todo tipo de complacencia en los procesos. El concepto Kaizen implica que siempre hay margen de mejora, y que se debe aplicar diariamente para llegar al siguiente nivel de calidad y éxito.

Empieza con pequeños pasos en la dirección que quieras caminar y veras como llegarás a la meta de una forma constante pero segura.

Debes crear pequeños hábitos de mejora que, con el tiempo, se vuelvan permanentes, y liberarte de los malos hábitos que te detienen. El estado y la calidad de nuestra vida es un reflejo directo de las costumbres que tenemos. Influyen en lo que hacemos, decimos y pensamos. Los buenos hábitos nos impulsan, mientras que los malos hábitos nos retienen.

Por lo tanto, para conseguir nuestros objetivos, debemos interrumpir los malos hábitos y sustituirlos por hábitos que impulsen nuestra productividad. Es un proceso mental en el que debes trabajar a diario.

*«Todo lo que siempre has querido
está al otro lado del miedo»*

(George Addair)

*«La gente que logra sus sueños son aquellas que ven
sus limitaciones como retos a superar»*

(Anónimo)

10. La fuerza de tu mente y otros secretos del éxito

El que puede cambiar sus pensamientos, puede cambiar su destino.

Empezamos con una pregunta: ¿Qué es el éxito? Si yo te dijera que te voy a presentar a una persona con mucho éxito, lo primero que nos llega a la mente es una persona con mucho dinero, una buena casa, un buen coche, etc. Lo asociamos automáticamente al dinero.

Gran parte de la culpa la tienen los medios y la publicidad con la que nos hemos criado. Cuando te muestran una persona que, según ellos, es exitosa, se les ve en yates, coches descapotables y con una mansión al lado del mar. Pero ¿y si esta persona es infeliz, está enferma o frustrada con su trabajo? Esto no lo solemos ver, nos hacen creer que el dinero recompensa todo el estrés y frustración del trabajo y que solo hay que consumir para ser feliz. Pero esto no siempre es así.

Yo conozco a un abogado que odia su trabajo porque en realidad quería ser cantante, pero la gente que no lo conoce piensa que tiene éxito porque tiene un buen coche y una casa con jardín. En realidad, su padre, que es abogado y tiene un bufete, insistió que tenía que seguir sus pasos y que todo lo demás no se correspondía al estatus de la familia.

Otro amigo mío, en cambio, dejó su trabajo en un banco y se dedica a escribir libros y a trabajar como *freelance* para algunas revistas y periódicos online. Cada vez que hablamos me dice lo feliz que está ahora porque puede trabajar desde casa en las horas que le convienen, con libertad, y además puede vivir de ello. Es verdad que tiene un coche más normal que el abogado, pero ¿quién crees que tiene más éxito en su vida personal? ¿La persona que odia lo que hace o la persona que trabaja en lo que le gusta?

Para mí, la persona que ha conseguido ser libre y hacer lo que le gusta para vivir, es la que realmente ha conseguido tener éxito en su vida personal. Tenemos que cambiar la forma en que definimos el éxito en nuestra sociedad, que no solo se puede asociar al dinero.

Lo mismo sucede con el fracaso. Desde pequeños nos enseñan que fracasar es algo terrible, en vez de hacernos entender que es parte del desarrollo y que lo que aprendemos de nuestros fallos es esencial para evolucionar como persona.

Debemos cambiar el concepto que tenemos del fracaso. Cuando pensamos sobre fracasar en la vida, lo que más tememos no es la pérdida de ingresos, eso lo podríamos llevar mejor, sino el juicio y las críticas de los demás. Todos lo hemos sentido en algún momento de nuestra vida. Y cuando emprendes no es diferente, es algo muy normal. Tomar la decisión de cambiar tu vida por completo para realizar tus sueños requiere valentía y nos da miedo. Pero debemos afrontarlo y olvidarnos del miedo al qué dirán. Si no, te aseguro que en 10 años vas a querer tener la edad que tienes hoy para hacer lo que no estás haciendo.

Fundamentalmente, tememos al futuro, por ser incierto e inseguro. Nadie es capaz de predecir qué ocurrirá en el futuro, por eso vivimos en permanente incertidumbre. Muchas veces nos imaginamos problemas que podemos tener en el futuro, y te aseguro, que la mayoría de ellos jamás ocurren. No somos capaces de vivir plenamente el ahora porque siempre nos acompaña la incertidumbre del futuro. Por eso nos encanta tener todo bajo control, para sentir algo de seguridad. Pero para desarrollar todo tu potencial en el presente, es necesario liberarse del miedo al futuro. Si queremos predecir el futuro y saber si tendremos éxito, nunca haremos nada, ya que nadie te lo puede asegurar. Es vivir como una frase que leí una vez: «*Si supiera en dónde voy a morir, jamás iría a ese lugar*».

No creas que los emprendedores exitosos están libres del miedo al fracaso. Todos tenemos miedos.

El miedo es una emoción anclada en nuestro cerebro que nos ha permitido sobrevivir como especie. Tiene una función evolutiva. Si nuestros antepasados no hubieran sentido miedo delante de un animal peligroso, probablemente el ser humano no hubiera llegado hasta hoy en día. Es una parte de nuestro cerebro que está encargada de disparar el miedo, como si fuera una respuesta automática en forma de agresión o huida frente a una amenaza. Por eso es tan difícil controlar el miedo solo mediante la fuerza de voluntad. Y si no, pregúntaselo a alguien que tiene pánico a los ratones. Por más que quiera, en este momento, es dominada por sus sentimientos.

Sin embargo, la evolución no nos ha hecho perder esta emoción. Seguimos con el miedo de perder aquello que más valoramos, como la familia, la seguridad del trabajo, relaciones sociales, amigos, dinero, etc.

Todos pasamos por esto, tenemos miedo a no ser capaz, miedo a decepcionar a los seres queridos y miedo al rechazo social. La diferencia entre las personas exitosas y las menos exitosas es la manera de cómo lo afrontan. Usan esta energía del miedo para transformarlo en un impulso a su favor. Para usar positivamente esta energía, lo primero que debemos hacer es cambiar nuestro concepto del fracaso.

A mí no me gusta la palabra fracaso. Simplemente la he eliminado de mi vocabulario. Y lo aprendí de Thomas Edison, el inventor de la bombilla eléctrica.

Thomas Edison tuvo que realizar más de mil pruebas e intentos hasta conseguir inventar la bombilla. Un día, un periodista le preguntó cómo había conseguido seguir adelante después de fracasar más de mil veces. Él contestó: «Yo no he fracasado mil veces. Simplemente he aprendido mil maneras de cómo no se debe hacer, hasta encontrar la manera como sí se debe hacer. Fue un invento de mil pasos». Exactamente. El fracaso no es nada más que aprender la forma de cómo no se debe hacer para luego hacerlo bien. O como dijo Henry Ford: *«El fracaso es la oportunidad de empezar de nuevo, con más inteligencia»*.

A partir de ahora ya no existe la palabra fracaso en tu vocabulario. Tienes que aceptar que cada fallo es parte del desarrollo para poder llegar a donde quieres estar. Y no tiene nada de malo. Si no aceptas que fallar es parte del proceso, jamás disfrutarás el camino. Solo aquellos que se atreven a cometer errores terminan consiguiendo éxitos. O como dijo Albert Einstein: *«Una persona que nunca cometió un error, nunca intentó algo nuevo»*.

Para la mayoría es más fácil quedarse en un trabajo que dominan y que no les exige demasiado, aunque estén infeliz. Así tienen la sensación de que pueden controlar los pequeños retos que se encuentran por ser algo rutinario. Intentan evitar a toda costa los grandes retos que cambiarían su vida. Pero para avanzar tenemos que afrontar los grandes retos y resolver problemas. Superar estos desafíos desarrolla la creatividad y la autoestima. Aumentará la seguridad en ti mismo y te hará sentir más capaz de cara al futuro.

La mayoría de la gente que no se atreve a hacer cambios en su vida dispone de una autoestima baja y tiene miedo a la inseguridad. Es normal sentirse a veces abrumado ante la idea de tener que hacer cambios en nuestra vida. Pero no debemos olvidar que estos desafíos, a la larga, nos ayudarán a tener una vida más realizada y satisfactoria. Ten presente que cuantos más problemas debamos resolver y más desafíos nos depare la vida, más plena, enriquecedora, interesante y feliz será para nosotros a medio y largo plazo.

Los sentimientos de no estar suficientemente preparado para afrontar estos nuevos retos son habitualmente manifestaciones de dudas sobre ti mismo.

El origen de la baja autoestima, que a veces nos impide hacer algo importante con nuestras vidas, se encuentra habitualmente en nuestra educación. Desde nuestros padres a nuestros maestros, y a la sociedad en la que vivimos, todos nos educan creyendo que es mejor conformarse con lo establecido y no arriesgar a salir del camino. Porque esto sería demasiado difícil y solo es para unos pocos elegidos. Te contaré una breve historia que he leído y lo explica muy bien:

Un día un granjero iba paseando por el bosque y se encontró un huevo de águila que se había caído al suelo, pero no se había roto. Así que decidió llevarse el huevo y ponerlo en su gallinero junto a los demás huevos. Al poco tiempo, el águila nació y se juntó con los demás pollitos. Crecieron juntos y el águila hacía lo mismo que las demás gallinas hacían. Se pasaba el día corriendo por el coral y picoteando en la tierra para encontrar gusanos e insectos para comer. El tiempo pasó y el águila se hizo mayor.

Y un día vio algo volando sobre él. Aquello volaba elegante y majestuosamente entre las nubes.

—¿Qué es? —preguntó el águila a las demás gallinas.

—Ah, ¿eso? Eso es un águila —contestó una de las gallinas—. Es el rey de todas las aves. El dueño de los cielos.

El águila dijo: —Me gustaría ser así.

Las demás gallinas se rieron y contestaron:

—No te hagas ilusiones, nosotras pertenecemos a la tierra. Nosotras nunca podemos ser como un águila, porque solo somos gallinas.

Y esa águila vivió y murió como una gallina. Porque eso es lo que le habían enseñado que debía ser.

Muchos de nosotros nos hemos criado entre gallinas que nos han hecho creer que no valemos para más, aunque en el interior llevemos un águila. Jamás permitas que mentes pequeñas te hagan creer que tus sueños son demasiado grandes. Por más que digan que no lo conseguirás. Solo te pertenecen a ti y solo tú tienes el derecho de decidir sobre ellos. Tienes que creer en ti para convertirte en un águila.

No dejes que las dudas te impidan avanzar y encontrar un camino que podría hacer que tu vida fuera mucho mejor personal y profesionalmente. Y sobre todo no busques excusas.

Las personas que no alcanzan el éxito tienen un rasgo característico común, encuentran toda clase de excusas y justificaciones para su cobardía. Y para eso inconscientemente hacen uso de una percepción selectiva. La percepción selectiva ocurre cuando nuestros deseos, nuestras decisiones y nuestras ganas de que algo suceda afecta a lo que percibimos y en consecuencia distorsiona la realidad. Lo usamos casi siempre para encontrar motivos que justifiquen nuestras excusas. Somos capaces de centrar nuestra atención en los aspectos que confirman nuestra decisión o creencia para justificarla y, en cambio, ignoramos los aspectos que contradicen nuestra decisión o creencia. Seleccionamos que nos interesa oír para confirmar nuestras acciones y en cambio ignoramos los aspectos que podrían indicar que nos equivocamos. A todos nos ha pasado esto y a menudo lo hacemos inconscientemente. Tomamos una decisión importante y después intentamos confirmar que hacemos lo correcto. Para eso consultamos a amigos y familiares para que nos reafirmen en nuestra decisión. Incluso buscamos información en Internet o entramos en blogs y grupos que piensan similar a nosotros para que nos confirmen nuestra posición.

Y lo mismo pasa con nuestras excusas, siempre encontraremos motivos que justifiquen porque dejamos de hacer algo. Nuestra mente se encargará de seleccionar lo que quiere oír para no tener que afrontar la realidad.

Por eso es importante que hables contigo mismo, con tu yo interior, para resolver los conflictos que los cambios podrían crear dentro y fuera de ti. Tienes que llegar a un acuerdo contigo mismo para aprender a vivir con tus contradicciones. Libérate de tus miedos que te limitan. Nadie más que nosotros mismos puede liberar nuestras mentes.

«Si dejas salir tus miedos tendrás más espacio para vivir tus sueños.»
(Bob Marley)

«Si la gente creyera más en sí misma se sorprendería de lo que pueden lograr»
(Sam Walton)

11. La gestión de las emociones al emprender

Entre lo que tienes y lo que quieres, solo se interpone lo que haces.

Ser emprendedor, tu propio jefe y ganar más dinero, es algo a lo que muchísima gente alrededor del mundo aspira. Aunque no siempre es fácil conseguirlo, también sabemos que este tipo de trabajo trae consigo grandes beneficios tanto a nivel personal como profesional si se consiguen gestionar de manera adecuada las emociones.
En el camino al éxito tendrás que enfrentarte constantemente a emociones y pensamientos, no siempre fáciles de gestionar. O como dijo ya Nietzsche: «*Los pensamientos vienen cuando ellos quieren, y no cuando nosotros desearíamos*».

Las emociones en sí no son malas o buenas, son las reacciones que tenemos a nuestros pensamientos. El problema surge cuando estas emociones nos crean estrés, ansias o miedos que nos bloquean y no nos permiten avanzar en nuestro proyecto personal. Detectar estas emociones negativas y afrontarlas es necesario para conseguir nuestros objetivos y evitar desmotivarnos.

Se trata de aprender a gestionarlas y comprender que no todo tiene por qué salir bien a la primera. Por ejemplo, habrá veces que nuestro cliente se equivoque y otras que lo hagamos nosotros. No importa, la mayoría de los problemas tienen fácil solución.

Pero para detectar estas emociones negativas y afrontarlas hay que identificarlas y reflexionar sobre ellas. Y, a continuación, debes actuar para aprender a controlarlas.

Las emociones dominantes para cualquier emprendedor son los miedos a fracasar y la ansiedad sobre el futuro. Te detallaré cuatro técnicas simples que te ayudarán a controlarlas y evitar que te bloqueen:

1. Piensa en tu futuro más inmediato

A veces nos dejamos influir demasiado por las incertidumbres que tenemos del futuro. Esto nos crea miedo y una ansiedad innecesaria. Los humanos, en diferencia a los animales, tenemos la habilidad de imaginarnos el futuro y cosas que podrían salir mal. Como ya lo dijo el filósofo Séneca: «*A menudo sufrimos más en la imaginación, que en la realidad*».

Debemos centrar nuestros pensamientos en el presente y en lo que estamos haciendo ahora y lo que haremos en el futuro más cercano, evitando los pensamientos en un futuro lejano. Hay que trabajar en esto diariamente.

2. Date permiso para preocuparte más tarde

Hay momentos durante el trabajo que te encontrarás con un problema o algo que no habías planeado. Son momentos que te provocarán estrés. El estrés evita que pensemos con claridad porque estamos dominados por la emoción del momento. Lo mejor en estos casos es «posponer» el problema a más tarde. Está demostrado que, tras un periodo de pausa, las emociones regresan con una intensidad mucho menor. Al afrontar de nuevo el problema ya no te parece tan importante. Muchas veces incluso durante la pausa te llegará una solución creativa que en este momento de estrés no eras capaz de ver.

3. La técnica de la distracción

La técnica de la distracción consiste en desvincularte de la emoción negativa centrando tu atención en pensamientos neutrales. De esta forma evitarás que la emoción coja demasiada intensidad.
Si, por ejemplo, te encuentras con un problema que te crea un miedo o ansiedad sobre el futuro de tu negocio, intenta cambiar tus pensamientos y pensar

en algo cotidiano. Por ejemplo, en qué cosas debes comprar en el supermercado o qué te gustaría cenar. Es simple pero eficaz para aprender a gestionar mejor tus emociones. Se trata de distraerte del pensamiento negativo centrándote en algo concreto en vez de dejar tu mente navegando a su bola.

4. La lista de los éxitos

Una de las mejores estrategias para gestionar tus sentimientos y recuperar el autocontrol consiste en tomarse un respiro y hacer una lista personal sobre todas las virtudes y éxitos de uno mismo. ¡Coge un papel y anota en él todo lo que ya has conseguido en la vida y de lo que debes estar orgulloso! No hay nada mejor que recordarse a diario la gran persona que eres y todo lo que has conseguido para ser esa persona. Y si esto no es suficiente para sentirte seguro de ti mismo y para seguir creando tu futuro, recuerda: «De todos los cientos de espermatozoides que envió tu padre a la carrera, ¡tú eres el que ganó! Solo tú llegaste a la meta. ¡Eres el Messi o Cristiano Ronaldo de los espermatozoides!». ¿A que estás sonriendo? Ríete más contigo mismo y verás cómo todo fluye mejor.

Como ves, todo es un ensayo mental que te permite volver a controlar la situación y tus emociones negativas. A veces solo es necesario preguntarse: ¿Realmente este problema es tan importante?

¿Dentro de un año aún será importante? La mayoría de las veces perdemos demasiada energía con problemas que, dentro de un año, ni nos acordaremos de ellos.

«La sabiduría suprema es tener sueños bastante grandes para no perderlos de vista mientras se persiguen.»

(Antoine de Saint Exupéry)

12. Cómo evitar errores comunes

El negocio puede ser pequeño, pero la visión tiene que ser grande.

Cuando comienzas tu carrera como emprendedor es inevitable cometer algún que otro error. Tal como he comentado ya en anteriores capítulos, no es nada malo, simplemente forma parte del proceso. Pero, por supuesto, siempre es mejor si podemos evitarlos. Aquí expongo algunos de los errores más comunes que debes evitar:

Gastar demasiado al comenzar

Para que tu negocio funcione a largo plazo, es imprescindible tener un control absoluto de tus finanzas. Tienes que tener suficiente capital para poder sobrevivir durante varios meses hasta empezar a generar beneficios.
Muchos emprendedores cometen el fallo de gastar demasiado al principio y quedarse luego sin capital.

Por ejemplo, alquilan locales muy grandes y caros, o invierten demasiado en imprimir miles de folletos u otro material publicitario.

Es conveniente empezar con menos y luego ir creciendo conforme crece tu negocio. De esta forma evitas tener unos gastos fijos enormes que luego no puedes cubrir mes a mes. Tienes que valorar bien en qué inviertes tu capital inicial, que es limitado. Muchas veces no es necesario alquilar enseguida un local, es mejor empezar desde casa hasta que te hayas ganado los primeros clientes y, posteriormente, dar el salto a una oficina o local. Tienes que ser creativo y encontrar soluciones baratas. Por ejemplo, si te tienes que encontrar con un cliente, puedes visitarle en sus oficinas o puedes recurrir a un restaurante bonito e invitarle a comer, o te puedes encontrar con él en un hotel con un ambiente elegante que te ayudará a dar una imagen profesional. Muchos clientes agradecen poder salir un poco del ambiente monótono de las oficinas y encontrarse contigo en un sitio diferente y relajado.

Lo mismo vale para el material publicitario. Muchos cometen el error de encargar miles de folletos sin saber todavía si el concepto del negocio tendrá una buena acogida por parte de los potenciales clientes. Verás que durante el proceso de tu negocio irás cambiando constantemente de ideas y adaptando o añadiendo cosas, esto provocará que tengas que actualizar el material publicitario muy a menudo. Es mejor empezar con menos y, una vez probado el éxito del negocio, imprimir más posteriormente.

Posponer las tareas incómodas

Ser tu propio jefe, trabajar desde casa, crear tus propios horarios y depender de uno mismo, son seguramente algunas de las mejores ventajas de crear tu propio negocio. Pero esto también conlleva más responsabilidad. Muchas personas están acostumbradas a trabajar para una empresa con horarios fijos y un jefe que les dice qué tareas y en qué orden se deben hacer. Esto cambia cuando eres un emprendedor.

Tienes que ser organizado y, sobre todo, disciplinado. Cuando todo depende de ti, es mucho más fácil posponer tareas y distraerte fácilmente. Sobre todo, cuando nos toca hacer tareas incómodas que a nadie le gusta hacer, tenemos la tendencia a dejarlo para más tarde o mañana. Por lo general, no nos dejamos lo más sencillo, sino lo nuevo, lo desconocido y lo que para nosotros supone un esfuerzo. Tenemos una especie de rechazo a enfrentarnos a aquello que nos implica un esfuerzo diferente. Preferimos realizar actividades rutinarias ya que, en principio, requieren menos energía y esfuerzo. Esto nos provoca un malestar y nos sentimos culpables. Por el contrario, cuando hacemos lo que tenemos que hacer, nos sentimos bien y satisfechos con nosotros mismos.

Intenta crear el hábito de comenzar el día haciendo las actividades que menos te gusten para pasar luego a las cosas que te cuestan menor esfuerzo. De este modo, consigues deshacerte de las actividades más pesadas y evitas ir acumulándolas durante días.

Para eso tienes que eliminar a todos los ladrones de tiempo para poder ser más efectivo. Las distracciones con el móvil o redes sociales son una de las principales causas de interrupciones durante el trabajo. Es importante mantener desde el principio unos hábitos controladores durante el trabajo para evitar interrumpir o aplazar ciertas tareas.

Acostúmbrate a apagar el móvil durante un tiempo y a establecer periodos de trabajo de 25 minutos en los que tienes que estar totalmente concentrado en la tarea que desempeñas. Después, haces 5 minutos de descanso y vuelves a hacer un periodo de 25 minutos de concentración total. Limitando el descanso a 5 minutos evitas perder la concentración y serás más efectivo.

No cobrar lo que vales

Muchos emprendedores nuevos cometen el fallo de ofrecer su producto o servicios a precios demasiado bajos. Es verdad que al principio es interesante hacer algunas ofertas para captar a nuevos clientes. Pero es importante que no te pases con estos descuentos y dejes claro a tu cliente que se trata de una oferta temporal y que para nuevos pedidos el precio será diferente. Muchos emprendedores tienen miedo de perder a los clientes y solo se concentran en mantenerlos a través de precios bajos. El riesgo es que automáticamente te relacionen a un producto barato y te cueste mucho posteriormente quitarte esta etiqueta. Es mejor explicar a los clientes todo lo que tú puedes hacer por ellos y convencerles de que están pagando por un producto/servicio de calidad.

Es posible que te encuentres, como pasa a veces, con algún cliente que te diga: «¿Me cobras 200 euros por resolver mi problema, y solo has tardado 15 minutos?» Entonces le puedes contestar: «No te cobro 200 euros por los 15 minutos. Te cobro porque, con mis años de experiencia, mis estudios y mis conocimientos, te he resuelto TU problema en solo 15 minutos».

A ti también te costó aprender y tuviste que invertir tiempo, dinero y trabajo.

Recuerda: cobras por lo que sabes y por lo que el cliente no sabe, no puede o no quiere hacer.

Usar dinero del negocio para gastos personales

Muchos emprendedores mezclan sus finanzas personales con el dinero del negocio. Es muy fácil pensar que ahora que somos empresarios podemos usar el dinero del negocio en cubrir gastos o caprichos personales. Es muy fácil que esto te lleve a una rueda y que, sin darte cuenta, en poco tiempo te quedes sin capital y tengas que buscarte de nuevo un trabajo para ahorrar algo y volver a empezar.

Acostúmbrate a diferenciar entre el dinero de tu empresa y el dinero para tus gastos personales. Intenta tener dos cuentas separadas para tener un mejor control sobre tus finanzas. Y, sobre todo, tienes que reinvertir gran parte de lo ganado en tu negocio. Ya llegarán los tiempos en el que podrás darte algún capricho. Pero al principio de tu negocio es imprescindible crear un flujo de caja para multiplicar el margen financiero. La empresa se debe autofinanciar y solo una parte del excedente es para el empresario. Si te quedas sin capital, tendrás que recurrir a créditos externos con intereses y la situación se complica innecesariamente.

Trabajar demasiado

No cometas el error de solo vivir para el trabajo. Puede parecer una contradicción, porque al principio de tu carrera emprendedora tendrás que dedicar mucho tiempo a tu negocio. Pero algunos emprendedores cometen el fallo de trabajar demasiado y olvidarse de su vida personal y familiar. El deseo de triunfar les hace trabajar más y más horas y acaban quemándose. Es conocido como el síndrome del *Burn-out*.

Intenta mantener un equilibrio sano entre tu tiempo libre y el tiempo que dedicas al negocio. Aprovecha tu tiempo de ocio para hacer algo de deporte y combatir el estrés, o simplemente sal fuera a dar un paseo largo para aclarar la mente cuando te sientas bloqueado. Nunca llegues al punto de estar tan ocupado construyendo tu vida que se te olvide vivirla.

No prepararse para la soledad del emprendedor

El emprendedor que está empezando se encontrará en situaciones donde se siente aislado y solo. Es algo normal, ya que ahora has tomado la responsabilidad de tu vida y tienes que tomar decisiones por tu cuenta, sin poder consultar a otros. Tienes que prepararte mentalmente para esto.

Depende mucho del carácter personal del emprendedor. Algunos lo llevan muy bien y se acostumbran enseguida, e incluso son mucho más productivos de esta forma. Trabajar en un ambiente aislado no les trae ningún problema. Y otros prefieren el trabajo en un ambiente con personas.

No hay que olvidar que muchos emprendedores nuevos han estado trabajando durante muchos años en empresas, rodeados de otros compañeros, antes de dar el paso con su proyecto personal. Es normal que, al principio, puedan sentir falta de contacto social. Están acostumbrados a estar rodeados de gente. Cuando trabajas con otras personas puedes interactuar, salir a comer y participar en conversaciones, mientras que cuando lo haces en casa puedes pasar largos períodos sin conversar, a no ser por email, lo que acaba siendo diferente.

Para evitar este problema, puedes trabajar en cafeterías o crear un *coworking* con otros emprendedores, alquilando un espacio en conjunto en el que todos puedan trabajar de manera autónoma, uniendo lo útil a lo agradable.

Para los emprendedores que no disponen de un sitio adecuado en casa o que necesitan una oficina ya desde el principio, el *coworking* se presenta como una alternativa interesante para ahorrar costes. Al compartir espacios de trabajo se abaratan los costes de un espacio fijo y se logran mejores precios en la compra de material o servicios.

En muchas ciudades ya existen espacios profesionales para el *coworking*. Son oficinas que disponen de una infraestructura completa como wifi, impresoras, fotocopiadoras y salas de reuniones, etc. El emprendedor puede alquilar un espacio de trabajo en estos centros de *coworking* y disponer de toda la infraestructura. Suelen ser mucho más baratos que alquilar una oficina por cuenta propia y una buena manera de comenzar si no te gusta trabajar solo en casa. Otra ventaja es la flexibilidad que tienes, y que conoces a otros emprendedores y su forma de trabajar. Muchas veces se crean colaboraciones y sinergias exitosas entre diferentes emprendedores que comparten el mismo negocio o ideas similares.

Concentrarse demasiado en el producto y olvidar venderlo

Otro error común al emprender que debes evitar es que te concentres demasiado en crear un producto «perfecto» y que descuides dedicar suficiente tiempo a venderlo. Por más que tengas un producto fantástico, no sirve de nada si nadie sabe que existe. No caigas en el error de creer que, por tener un buen producto, la gente va a venir en masa a comprarte. Si no te promocionas, no existes.

Es fundamental dedicar bastante tiempo a presentar tu producto a potenciales clientes, para despertar el interés y que acaben comprando. Pide a tus amigos, familiares y clientes que hablen de ti a sus conocidos. Las recomendaciones siguen siendo la forma de venta más eficaz que hay. Intenta difundir tu producto/servicio a través de diferentes canales. Usa todo el potencial de internet y de las redes sociales. Puedes crear un blog para hablar de diferentes temas relacionados con tu servicio o producto y usarlo para destacar las ventajas y soluciones que ofreces.

Si al principio te cuesta vender porque no estás acostumbrado, intenta aplicar estos siete consejos para vender. A mí me fueron de gran ayuda:

1. No muestres desesperación por cerrar la venta.

2. Ante todo sé honesto. ¡Mantén tu reputación tan impecable que, si alguien habla mal de ti, nadie le crea!

3. Detecta las necesidades del cliente y evoca emociones positivas.

4. Intenta entender realmente el problema de tu cliente para ofrecerle soluciones y ayudarle.

5. No intentes solamente cerrar una venta, intenta abrir una relación.

6. Dile a las personas lo que necesitan escuchar, no lo que a ti te gustaría decir.

7. Busca a tu cliente después de la venta para ver cómo le va con tu producto o servicio.

No saber decir NO

«*Por lo visto es posible decir no*» (Gil de Biedma).

Como ya he comentado en otras ocasiones, la confianza en uno mismo es el primer secreto del éxito. Y para saber decir NO se necesita una buena dosis de confianza en sí mismo. Es poner tus prioridades delante de las de los demás. No se trata de egoísmos, sino de valorar qué es más importante para poder progresar en tu vida personal. Y aunque a veces no nos gusta tener que decir no, te aseguro que para avanzar tendrás que aprender a hacerlo.

Varios estudios han demostrado que las personas que tienen más dificultad en decir no, experimentan más fácilmente estrés, cansancio e incluso depresión. En cambio, las personas seguras saben que negarse de vez en cuando es imprescindible y tienen la autoconfianza necesaria para hacerlo.

El emprender está compuesto por decisiones, igual que la vida misma. Las decisiones difíciles, lo que más tenemos que hacer, preguntar, decir, normalmente también son las cosas que más necesitamos hacer. Y los desafíos y problemas más grandes que debemos afrontar en la vida nunca se solucionan con decisiones fáciles. El decir no a alguien es, a menudo, una decisión difícil.

Muchas personas se sienten incapaces de negarse a ayudar a alguien, aun sabiendo que están abusando de ellas. Todos conocemos esta situación. Los amigos, familiares, vecinos, compañeros de trabajo, etc. Muchas veces los otros quieren que les ayudemos a realizar una tarea o insisten en que pasemos más tiempo con ellos. En ese momento, más que nunca, es necesario que tengamos una actitud de seguridad y fortaleza y digamos que no. El decir NO tiene que ver mucho con la confianza en uno mismo. Muchas personas no se atreven a decir no porque tienen miedo que la otra persona les pueda rechazar por esto. Prefieren caer bien a la gente, en vez de pensar en sí mismos.

Es importante distinguir entre nuestras prioridades y aquellas que nos imponen los demás. Estos momentos que no dedicas a ti mismo y a tu proyecto también son ladrones de tiempo que evitan que puedas avanzar en tu proyecto. Es fundamental seleccionar en qué inviertes tu tiempo y en qué no. Es tu responsabilidad si quieres alcanzar el éxito. Y no pasa absolutamente nada, se lo puedes explicar a los demás; algunos lo entenderán y otros no. Pero es necesario.

Cuestión de prioridades

Cuando las prioridades están claras, las decisiones se hacen fáciles.

El poner prioridades en tu vida es para mí una de las estrategias más importantes para alcanzar tus sueños. También tiene que ver mucho con el saber decir no. La mayoría de la gente quiere o acepta hacer muchas tareas a la vez y acaba perdiéndose. Se dan cuenta de que han empezado varias cosas, pero que no han terminado ninguna o que han hecho muchas cosas, pero que ninguna les ha hecho avanzar o alcanzar sus objetivos.

Me encanta esta frase: «*La vida es esa cosa que pasa cuando estás ocupado haciendo otras cosas*».

No sé si a ti también te pasa, pero si es así, debes cambiar tus prioridades.

Si quieres ser efectivo y alcanzar tus metas, primero debes tener una idea clara de qué deseas lograr y, a continuación, establecer las prioridades para poder lograrlo. Tienes que analizar tu presente, el punto de partida, y tu futuro, el resultado que deseas crear. Tómate el tiempo y haz una lista con los puntos que son importantes para alcanzar tus metas y las menos importantes que tienen que posponerse o solo realizarlas cuando las otras ya se han hecho. También analiza si hay tareas que puedes delegar a terceros o que puedes eliminar por completo. Cuanto más concretas sean, más fácil será lograr tus objetivos. Debes saber priorizar tus tareas por un «objetivo mayor» y trabajar siempre a partir de esta lista. Para eso debes ser disciplinado hasta que estas prioridades se conviertan en hábitos. Una vez que has establecido tus prioridades y las sigas con determinación verás cómo, de repente, la meta se acerca a pasos gigantes.

No aceptar el rechazo

También tienes que aprender y aceptar que vas a ser rechazado, y no desmotivarte por eso. No siempre conseguirás vender lo que quieres. Te encontrarás muchas veces con un «no» por respuesta y tienes que aprender que es algo normal. A todos nos pasa esto y nos seguirá pasando. Esto es simplemente parte del negocio. A veces funciona a la primera, y a veces tienes que presentar tu producto a muchas personas antes que alguien te compre. No te desesperes por eso. Intenta mantener la positividad y seguir adelante. A veces el rechazo puede ser una nueva oportunidad.

Y si no mira a Brian Acton, uno de los fundadores de WhatsApp, que nunca se rindió.
Intentó trabajar para Twitter y fue rechazado. Escribió en su Twitter con algo de ironía:
«*He sido denegado por Twitter. Está bien. Habría sido un viaje muy largo desde mi casa*».
Después lo intentó en Facebook y fue rechazado de nuevo. Escribió en Twitter:
«*Facebook me ha rechazado. Era una gran oportunidad de conectar con gente fantástica. Esperando a la próxima aventura de mi vida*».

Solo tres meses después creó, junto con Jan Koum, el servicio de mensajería WhatsApp Incorporation.
El nombre se basaba en la expresión inglesa ¿*What´s up?*, que se utiliza como saludo informal similar al español «¿Qué tal? ¿Qué pasa?».

Después de haber sido rechazado por Facebook, no se rindió y siguió adelante con su propio proyecto. ¡Apenas 5 años después, en 2014, WhatsApp ya tenía más de 400 millones de usuarios y Facebook acabó comprando la empresa WhatsApp por 19.000 MILLONES de dólares!

Y ahora, pregúntate: ¿Qué harás tú la próxima vez que te rechacen?

«Los grandes cambios siempre vienen acompañados de una fuerte sacudida.
No es el fin del mundo.
Es el inicio de uno nuevo.»

(Anónimo)

13. El poder de Internet para tu negocio

Habrá dos tipos de negocios en el siglo XXI: Aquellos que estén en Internet y aquellos que ya no existan.

Bill Gates

Internet ha revolucionado nuestro mundo. Mucho ha cambiado en los últimos años. La forma de trabajar, la forma de comprar, la forma de viajar y la forma de comunicarse e interactuar con otras personas. Prácticamente nadie envía hoy en día cartas. Sería una pérdida de tiempo tener que desplazarse a una oficina de correos, hacer cola y comprar un sello para poder enviar un mensaje. De hecho, hay jóvenes que han nacido en la era digital y nunca han recibido una carta o han enviado una y que, probablemente, nunca lo harán.

Pero, aunque ahora nos parece algo normal usar WhatsApp o enviar un mail, hace no tantos años era muy diferente. A veces se nos olvida que Internet es parte de la era reciente.

Mi padre aún trabajaba con enormes archivos porque no existía la digitalización de documentos. Ya no te cuento cómo se me queda mirando mi padre cuando le cuento que existe una nube donde puedes guardar todos tus archivos. Algo que para muchos de nosotros hoy en día es algo normal, a él le parece una película de ciencia-ficción.

Los negocios y la forma de trabajar seguramente es una de las cosas que más ha evolucionado gracias a Internet. Las ventajas que aportan el uso de la red y las nuevas tecnologías a cualquier negocio es algo evidente. Cualquier negocio puede ganar tiempo, ahorrar dinero y ser más eficaz. Da igual donde vivas, ahora puedes vender tu producto o servicio en todo el mundo a través de Internet.

Tanta es la importancia de Internet en los negocios que se han creado muchos nuevos trabajos que están relacionados con Internet y las redes sociales que hace poco ni existían. Por ejemplo, el Community Manager, Blogger, Influencer, E-Sports o Youtuber, por mencionar algunos. Y esto crece a un ritmo vertiginoso y no se parará.

Vender por Internet es la oportunidad más grande para el emprendedor de hoy. Hay muchas oportunidades. Las nuevas tecnologías y los cambios en los hábitos de consumo han hecho de la red un medio muy interesante para que emprendedores, autónomos y pequeñas empresas comercialicen sus productos y servicios a través de ella. Puedes ser como una pequeña multinacional y vender tus productos o servicios a nivel mundial. Nunca en la historia tuvimos tantas y grandes oportunidades para emprender e iniciar nuestro proyecto personal invirtiendo tan poco.

Un canal de ventas online nos permite tener nuestro comercio abierto 24 horas al día, 7 días a la semana, así como llegar a un público potencial mucho mayor que al que llegaríamos mediante nuestro canal de ventas físico, ya que no dependemos de las barreras geográficas. Además, las ventas a través del canal online nos permiten automatizar procesos de forma que no sea necesaria una dedicación exclusiva y permanente.

Crear un negocio online tiene muchas ventajas, especialmente si lo comparamos con emprender un negocio tradicional con un local físico. La inversión inicial suele ser muy diferente y si tienes un negocio online puedes trabajar desde casa o empezar, aunque aún estés empleado y darte tiempo para ver si despega antes de dar el siguiente paso. Muchos incluso solo comenzaron online para tener un ingreso extra, y sin querer, consiguieron un negocio exitoso que les permitió cambiar de vida y trabajo.
El negocio tradicional no dispone de esta flexibilidad y normalmente debes dejar tu trabajo para estar presente en el local y sin saber seguro si tu negocio

será exitoso. Además, para alquilar un local necesitas disponer de un capital más grande y tendrás muchos gastos iníciales como pueden ser la reforma del local, licencias de apertura y el stock necesario para llenar el local. Esto no quiere decir que no pueda ser igual o más exitoso que un negocio online. Pero sí es necesario tener en cuenta todos estos factores cuando creas tu plan de negocio. No te olvides de calcular exactamente los costes para arrancar, y de tener un colchón de dinero para sobrevivir unos meses hasta que empieces a generar suficientes ingresos. Incluso si emprendes de forma tradicional debes hacer uso de Internet y de las redes sociales para fomentar tu negocio online y reforzar las ventas de tus productos o servicios.

A continuación, os daré algunos consejos para aprovechar Internet cuando emprendéis. Está claro que en este libro solo puedo dar algunos consejos básicos, ya que este tema es muy extenso y sobrepasaría el temario de este libro. Pero os quiero recordar que, si os interesa aprender más sobre este y otros temas, podéis echar un vistazo a mi blog donde encontrareis más consejos y ayuda.

La página web para tu negocio

Al principio de la era Internet, tener una página web para tu negocio estaba relacionado a un coste alto y casi siempre dependías de un informático que te haga la página. Por supuesto, no lo hacía gratis. Por fortuna, hoy en día cualquiera puede tener una página web con un coste reducido y sin ayuda de un informático o programador.

Tener una web te da credibilidad y te ayuda a promocionarte y explicar a tus clientes qué servicios o productos ofreces y qué puedes hacer para solucionar sus problemas.

Existen diferentes empresas en Internet que se dedican a gestionar páginas webs (*hosting*). Estos proveedores de webs, aparte de ocuparse de registrarte el nombre que quieras, además te ofrecen herramientas y programas para que puedas construir tu propia página web sin conocimientos anteriores. Incluso puedes abrir tu propio Onlineshop sin conocimientos de programación. El sistema es muy fácil. A través de su programa para diseño de páginas puedes elegir entre muchas plantillas que proponen. Puedes buscar por tema o tipo de negocio para seleccionar el diseño que más te guste y que mejor encaje con tu negocio. Después, tienes muchas opciones para adaptar el diseño a tu gusto. Puedes cambiar los colores, poner las fotos y el menú de navegación que quieras. Posteriormente, ya solo tienes que introducir los textos y contenidos para promocionar tus productos y servicios y ya lo puedes publicar. ¿A que es genial? Fácil, simple y barato.

Seguramente hay muchas diferentes empresas de *hosting* (alojamiento de webs) que ofrecen este servicio. Algunas de las más conocidas son www.Strato.es, www.wix.com o www.1and1.es. En todos puedes comprobar a través de sus páginas si el nombre (dominio) que quieres registrar para tu página aún está disponible o si ya lo están usando.

Intenta elegir un nombre claro y que se recuerde fácilmente. Ten presente que tu página web es para muchos de tus clientes el primer contacto con tu negocio. Es como una tarjeta de visita, pero con más información. Tómate tu tiempo para diseñar una página única que se adapte a tu imagen corporativa. Introduce tu logotipo, un eslogan y la visión de tu negocio. Explica bien qué producto o servicio ofreces y las ventajas que tendría el cliente por contratarte a ti. Pero no la sobrecargues con información para evitar que el cliente se sienta saturado y abandone la página antes de tiempo.

Esta forma de crear una web te permite probar tu negocio online de forma barata y rápida. Puedes hacer muchos cambios y adaptar el contenido a la evolución de tu negocio. Si más adelante necesitas expandir, siempre tendrás la opción de contratar posteriormente a un profesional para el desarrollo de tu web a un coste superior.

Si tu idea es crear un blog y una página conjunta, debes usar el plan de alojamiento y la plantilla optimizada para *Wordpress*. Un blog te permite interactuar mejor con tus clientes y aportar información adicional. Es una forma de fidelizar al cliente y hacer que vuelva a tu página para estar actualizado.

El programa *Wordpress* te permite crear una página web con blog incorporado. Cuando ya eres cliente de uno de los proveedores de páginas webs y has registrado tu dominio, puedes descargar el programa *Wordpress* en tu cuenta de usuario para crear tu página.

Wordpress te da la opción de elegir entre diferentes diseños (*themes*) para crear una página que mejor se adapte a tus necesidades. Algunas plantillas son de pago y otras son gratis. Dependerá qué tipo de negocio tienes para elegir una u otra. Existen una variedad enorme de *themes* (plantillas) gratuitos para *Wordpress* enfocados a diferentes nichos: restaurantes, moda, gourmet, ecommerce, blog, fotografía, inmobiliaria, salud, etc.

Las redes sociales

Las redes sociales han cambiado nuestro mundo moderno y la manera en la que interactuamos. Para cualquier negocio hoy en día es indispensable estar presente en Facebook u otras redes sociales. Incluso te diría que es obligatorio para cualquier emprendedor.

Es la forma más interesante para que la gente conozca tu producto, aumentes tu red de contactos (networking), y construyas una marca. Y lo mejor es que lo puedes hacer gratis o a un precio razonable.

Lo primero que debes hacer es abrir una *FanPage* (página de negocio/marca) que es diferente a la cuenta personal que tenemos en Facebook. Te da más opciones a la hora de presentar información o promocionarte. Tendrás la opción de hacer publicidad con Facebook Ads y seleccionar exactamente a tu cliente potencial. Para que el anuncio sea más efectivo puedes segmentar muchos parámetros del cliente deseado y así hacer un anuncio más rentable.

Nos permite crear diferentes tipos de publicaciones segmentando el público objetivo al que irán dirigidas. Puedes elegir entre si quieres que sea mujer u hombre, o ambos, fijar una franja de edad, o aficiones e intereses y seleccionar en qué ciudad, región o país quieres lanzar el anuncio. Esto te permite que el anuncio llegue a las personas que más se ajustan a tu perfil de cliente ideal y el rendimiento sea mucho mayor que haciendo un anuncio generalizado.

Dale suficiente importancia al contenido de tus publicaciones (Marketing de contenido) para que a la gente les parezca información útil, te sigan y lo compartan con otros usuarios. Siempre que otros compartan tus publicaciones es como el marketing tradicional del «boca a boca», pero en la red. Se trata de ofrecer contenido de calidad no cantidad.

Video marketing

El video marketing es otra de las tendencias que no debes ignorar. Igual que el contenido es de gran importancia, también los videos son cada vez más importantes. La clave para tener una buena estrategia digital usando el video marketing es fusionar un buen contenido con una presentación audiovisual atractiva.

El material audiovisual supone ya más del 60% del tráfico en las redes y se espera que a partir de 2020 suba hasta un 80%. Sobre todo, el video marketing que se usa en las redes sociales conocido como social video tiene cada vez más seguidores. Los últimos estudios muestran que 8 de cada 10 usuarios ven los videos de las marcas que siguen y un 58% acaba visitando la web posteriormente. Y 1 de cada 4 compradores afirma que ha utilizado Youtube o las redes sociales para ver vídeos sobre algún producto que se están planteando comprar.

Crear un video estratégico con un contenido atractivo supone una inversión de dinero y tiempo, pero también tiene muchas ventajas. Aquí ·te expongo algunas:

Son más efectivos
Una imagen dice más que mil palabras. Lo mismo vale para el video marketing. Es una manera de contar tu mensaje con más efectividad y de una forma original. Te permite hacerlo con más emoción

y despertar antes el interés del receptor. Está demostrado que los usuarios recuerdan mucho más una marca o producto si han visto un video anteriormente.

Más fáciles de consumir
El consumo de videos por parte de los usuarios es más cómodo y fácil. El usuario lo suele asociar a ocio y es más fácil captar la atención. El video requiere un esfuerzo menor para el usuario que leer el contenido de un texto. Basta con pulsar play y mirar.

Se comparten más
Las últimas estadísticas muestran que el usuario es más susceptible a compartir un video en las redes sociales que un simple texto. Sobre todo, las historias que apelan al humor y las emociones pueden convertirse fácilmente en virales.

Potencia tu marca personal
Otra forma de usar el video marketing es para potenciar tu marca personal. Unos pocos vídeos en los que hagas una buena presentación sobre un tema que dominas son una excelente tarjeta de visita y una forma de impulsar tu marca personal y pueden ser una manera muy eficaz de llegar a nuevos clientes o ser invitado a eventos.

Las ventajas son muchas para apostar por el video marketing. Existen varias plataformas que te ayudarán a crear una estrategia audiovisual en función del objetivo de tu negocio:

- Youtube:
  Es la plataforma de video por excelencia y la segunda más usada después de Facebook. Su audiencia se centra sobre todo en jóvenes entre 18-49 años y es perfecta para reforzar tu estrategia audiovisual en internet.
  Puedes crear fácilmente una cuenta y subir videos promocionales, corporativos o demostrativos de productos o servicios.
  Los videos más vistos y populares son los que duran en torno a tres minutos. A partir de los tres minutos baja el nivel de atención y sube el nivel de abandono. Tenlo en cuenta cuando prepares tus videos.

- Vimeo:
  Es una plataforma de pago y algo más profesional que Youtube. Lo suelen usar profesionales de la publicidad, fotógrafos y personas que hacen video reportajes para fiestas y bodas o para videos de formaciones.

- Facebook Livestream:
  Te brinda la oportunidad de transmitir un video en directo a través de la red social. Es muy interesante para estar en contacto directo con tus seguidores y clientes. Lo

puedes usar, por ejemplo, en conferencias o presentaciones de productos y de esta manera interactuar directamente con ellos.

Outsourcing online

Una de las grandes ventajas de Internet para los emprendedores es la posibilidad de subcontratar servicios online a costes reducidos. Yo lo llamo *outsourcing online*. El término inglés *outsourcing* se podría traducir como externalización. En el ámbito empresarial, sobre todo de grandes empresas, está a la orden del día. No es más que contratar un servicio fuera de la empresa, en lugar de contratar a alguien específico para realizar esta tarea. La ventaja es que lo que supondría un coste fijo mensual se convierte en un coste variable y permite ahorrar.

Si lo traspasamos a Internet puedes encontrar proveedores online que te ofrecen los mismos servicios que las empresas tradicionales, pero a mejores precios. Cuando necesitas un producto o servicio de forma puntual, lo mejor es optar por estos proveedores online para ahorrarte dinero.
Por ejemplo, si necesitas un trabajo de publicidad o de diseño puedes contratar a un *freelance* que te hace el trabajo puntual sin tener que emplear a alguien permanente.

Si, por ejemplo, quieres imprimir unos folletos o tarjetas de visita puedes recurrir a una imprenta online que normalmente son más baratas que las tradicionales. En la página tienes la opción de subir tus diseños o incluso elegir uno de los diseños propuestos. Posteriormente, eliges el tamaño deseado, pides el número de folletos que quieras y te los enviarán directamente a casa.

Pero la externalización online va más allá. Por ejemplo, si ves que necesitas una ayuda o una secretaria para tu negocio ¿por qué no contratar a una secretaria virtual? Hay muchos estudiantes o personas que trabajan desde casa y que buscan un trabajo por horas, sin tener que desplazarse a un centro de trabajo. La mayoría del trabajo se puede hacer por e-mail o teléfono, sin que la secretaria tenga que estar empleada a tiempo completo o presente en una oficina. Solo pagas por horas y trabajo realizado. Incluso ya hay empresas y plataformas que se dedican a esto como, por ejemplo, *secretaria.es*. Además, puede ser una buena idea para emprender un negocio personal, ofreciendo este servicio a autónomos, freelancer o pequeñas empresas.

Otro coste importante para un emprendedor puede ser la gestoría que se ocupa de la fiscalidad de tu negocio. También aquí puedes recurrir a gestorías online que son más baratas y flexibles que las tradicionales. La mayoría de las gestorías online, como por ejemplo *E-autonomos.es* o *Solo-*

autonomos.es, te ofrecen una tarifa plana mensual que es más reducida en los meses que no has facturado nada y solo en los meses que facturas algo pagas la cuota completa. Esta flexibilidad te permite ajustar tus costes a lo mínimo en los meses que ganas menos. Las gestorías tradicionales en cambio, suelen cobrarte mensualmente la cuota completa independientemente que hayas facturado algo o no.

Cámbiate a un banco online

Otra manera de ahorrar es usando un banco online. El banco tradicional con sus sucursales irá desapareciendo poco a poco. En el futuro solo existirán los bancos en Internet. Mucha gente aún sigue con una cuenta normal y pagan cada trimestre comisiones simplemente por tener una cuenta en el banco. La mayoría de los grandes bancos tienen un banco online en el que puedes abrir una cuenta online sin tener que pagar comisiones de mantenimiento o por transferencias. Hoy en día puedes hacer casi todo a través de la cuenta online sin tener que desplazarte a ninguna sucursal y hacer cola. Yo ya hace años que no piso ninguna sucursal bancaria y ahorro tiempo y dinero cada mes.

Como puedes ver, hay muchas oportunidades en Internet que te permiten promocionarte, ahorrar y reducir costes a la hora de emprender. Sobre todo, al principio cuando comenzamos con un capital limitado pueden ser una herramienta muy útil. No desaproveches las oportunidades que te ofrece Internet.

«Algunos están dispuestos a cualquier cosa,
menos a vivir aquí y ahora.»

(John Lennon)

14. Otros consejos para emprender con éxito

Los ingredientes secretos del éxito son: disciplina, perseverancia y pasión

La autodisciplina del emprendedor

Empezaré este capítulo con una frase de Steve Jobs: «*Estoy convencido de que la mitad de lo que separa a los emprendedores exitosos de los que han fracasado es la perseverancia*».

Otra frase, esta vez de Walt Disney que, irónicamente, fue despedido por un periódico al inicio de su carrera por no ser lo suficiente creativo: «*La diferencia entre ganar y perder consiste a menudo en no abandonar*».

Y tienen mucha razón. No existe un secreto que garantice el éxito, pero sí que te ayuda a conseguirlo. Es la perseverancia. Así de simple. La perseverancia consiste en entender que, sin importar cuantas veces fracases, el éxito requiere hacerlo muy bien una sola vez. Se trata de constancia, disciplina, pasión y mucha paciencia. Estos son hábitos que tendrás que entrenar para llegar a tus objetivos. Un emprendedor exitoso ve el desarrollo de su propio negocio como una disciplina mental. La autodisciplina. Hacer las cosas que se tienen que hacer, aunque no siempre nos apetezca. El miedo a asumir la responsabilidad de nosotros mismos a menudo nos lleva a evitar tomar las decisiones que se deben tomar.

Un ejemplo de cada día son quienes no acuden a una revisión médica en su momento. Con lo que no solo agravan su posible problema, sino que se sienten fatal consigo mismos por eludir conscientemente algo tan primordial. Lo mismo le puede suceder al emprendedor con su negocio. La actitud madura e inteligente de quien toma el control de su vida profesional, es ser responsable e imponerse la autodisciplina. Realizar las tareas necesarias y seguir tu plan de proyecto, sin permitirte dejaciones ni concesiones. No solo eres responsable de lo que haces, sino también de lo que no haces. Esto es parte del camino al éxito. ¡La actitud es una pequeña cosa, que hace una gran diferencia!

La visión del emprendedor

Otro punto clave en el camino al éxito es la visión. Para llegar adonde quieres estar, tienes que imaginarte las metas que quieres conseguir. Debes tomarte el tiempo y activar tu mente creativa para imaginarte qué quieres conseguir y qué persona quieres llegar a ser. La simple imaginación ya te ayudará a cambiar tus pensamientos. Como lo explica Brian Tracy: «*La fijación de metas tiene tanta fuerza que el acto mismo de pensar en nuestras metas nos hace sentir felices incluso antes de que hayamos dado el primer paso para alcanzarlos*».

Intenta imaginarte hasta el último detalle de tu nuevo futuro y luego empieza a construirlo paso a paso. Una vez que sabes cómo quieres ser y qué quieres alcanzar, debes levantarte al día siguiente y ser esta persona. Si quieres ser un emprendedor libre mañana, comienza a actuar hoy como si ya lo fueras. Empieza a vestirte, a hablar, a comportante como la persona que quieres ser. A partir de ahora ya eres esta persona y este emprendedor. Sin importar que empieces en pequeño o en tu casa. Acuérdate siempre que el tamaño de una empresa es del tamaño de la visión de su fundador. No hay empresas pequeñas, solo empresarios sin visión. Y la visión no debe solo concentrarse en la meta. Más bien se trata de crecer para convertirse en la persona que puede lograr esa meta. Si cambias tu actitud y te atreves a ser esta persona, conseguirás tus objetivos.

La pasión al emprender

Pero la autodisciplina y la imaginación solo son la mitad del éxito. La otra mitad se llama pasión. Esto es lo que nos activa y lo que nos llena de energía. Es la fuerza que nos mueve.

Si estás haciendo algo que no se identifica contigo y por lo que no sientas nada de pasión, cinco minutos te pueden parecer una hora. En cambio, cuando estás haciendo algo que amas, aquello en lo que eres bueno, el tiempo toma un curso totalmente diferente y una hora se siente como cinco minutos. Miras al reloj y no te puedes creer lo tarde que se ha hecho.

La culpa de que mucha gente acaba frustrada en su trabajo es porque lo que hacen no alimenta su energía y su pasión.

Así que te recomiendo que cuando emprendas lo hagas con pasión. Intenta emprender en algo que te gusta, si además ayudas a gente, mejor aún, y entonces el dinero llegará solo. Ten en cuenta que en lo que decidas emprender, probablemente lo harás para el resto de tu vida. Y nadie puede trabajar tantos años en algo que no le motive. Acabarás tirando la toalla. Así que lo mejor que puedes hacer es emprender en algo que te guste y te motive. Como se suele decir: «*Elige un trabajo que te guste y no tendrás que trabajar un solo día en tu vida*».

En la práctica diaria te encuentras muchos diferentes emprendedores y enseguida te das cuenta si lo hacen con pasión o si solo es un autoempleo para ganar dinero. Esta diferencia muchas veces te hará alcanzar el éxito o quedarte en el camino.

Te doy un ejemplo con una historia sobre los hermanos Wright, que inventaron el avión, y te muestra cómo el tipo de motivación hace la diferencia:

En 1903 los hermanos Wright consiguieron volar por primera vez. Pero lo que muchos no saben es que, por esa época, no eran los únicos que intentaban inventar un avión para volar. También había alguien que se llamaba Samuel Pierport Langley. Tenía todo lo que pensamos que es necesario para tener éxito. Recibió del departamento de guerra de Estados Unidos 50.000 dólares, que en esos tiempos eran mucho dinero, para inventar una «máquina voladora». Era una persona a la que le encantaba estar en el centro de atención y salir en los periódicos. Como el dinero no era un problema, contrató a los mejores científicos de Harvard para que trabajen para él y le ayudaran a crear la «máquina voladora». Tenía todo a su favor para conseguir ser exitoso. Entonces, ¿cómo es que nunca oímos hablar de Samuel P. Langley?

A solo unos cientos de kilómetros de distancia se encontraban los hermanos Wright. No les gustaba salir en los periódicos y no tenían ni dinero, ni apoyo para conseguir ser exitosos. Financiaban su sueño con las ganancias de su tienda de bicicletas y ninguno de su equipo tenía una educación universitaria. Pero había una gran diferencia. Les guiaba una motivación superior, un sueño. Creyeron que, si fueran capaces de idear la forma de volar, eso cambiaría el mundo.

Samuel P. Langley tenía una motivación muy diferente, solo buscaba hacerse famoso y rico. Solo buscaba un resultado, pero no un sueño.

Los hermanos Wright trabajan en su tiempo libre y a menudo hasta altas horas de la tarde. Todas las personas del equipo que tenían trabajaban gratis y les seguían porque les habían transmitido el mismo sueño. Esa motivación creó un ambiente de trabajo basado en la pasión de poder realizar un sueño.

Los empleados de Samuel P. Langley en cambio solo trabajaban por la paga y cuando llegaba la hora se iban a casa.

La consecuencia fue que el 17 de diciembre de 1903, los hermanos Wright y su equipo consiguieron volar por primera vez. Nadie se enteró de su hazaña hasta varios días después. Ellos no perseguían la fama, sino que su motivación era realizar su sueño de volar y poder cambiar el mundo.

A Samuel Langley le movía el interés equivocado. En cuanto se enteró de lo que los hermanos Wright habían conseguido, abandonó su proyecto inmediatamente porque ya no podía hacerse famoso.

Los emprendedores que solo persiguen el dinero y la fama, se equivocan. El emprender tiene que ver con inventar, experimentar, crecer, correr riesgos, romper las reglas, equivocarse y, sobre todo, divertirse. Tener éxito en la vida no es llegar a tener fama, sino a realizar aquello que realmente deseas. Por eso hoy conocemos a los hermanos Wright, pero nadie se acuerda de Samuel P. Langley.

Como ya he dicho en otras ocasiones, la pasión hace que otras personas te sigan y se sumen a tu causa. Todos nos acordamos de la frase del discurso de Martin Luther King, que consiguió en 1963 juntar a más de 250.000 personas en Washington para escuchar su discurso. ¿Cómo lo hizo para juntar a tantas personas? Aún no existía Internet ni redes sociales, pero todos conocemos su famosa frase:
«*I have a dream*» «Yo tengo un sueño». ¿Te imaginas que en vez de decir «Yo tengo un sueño», hubiera dicho «Yo tengo un plan»? Nadie se acordaría de esta frase hoy en día. Porque, simplemente, no vivimos para seguir planes de otros. Vivimos para realizar nuestros sueños. Esto es lo que nos motiva y lo que nos mueve. Es nuestra poderosa fuerza interior.

Lo que pasa es que a veces nos asustamos de nosotros mismos y de la fuerza que llevamos dentro. Tenemos que convertir estos miedos en energía positiva. Tenemos que ser inconformistas, aventureros y rebeldes que nos hacemos preguntas, rompemos las reglas y tomamos riesgos.
O como lo explico también Marianne Willianson:

«Nuestro mayor temor no es no ser capaces. Nuestro mayor temor es que somos poderosos más allá de lo mesurable. Es nuestra luz, y no nuestra oscuridad, lo que nos asusta»

15. Comentario final

«Sólo hay un éxito:
el poder vivir tu vida a tu manera»
(Christopher Morley)

Tus sueños de ganar la lotería o heredar una fortuna pueden parecer mucho más fáciles que emprender tu propio negocio. Pero la verdad es que no son más que sueños.

Ser ingenuo y creer en soluciones rápidas y poco probables no te ayudarán a cambiar tu vida. Para conseguir eso, sea cual sea tu situación actual, lo más importante es empezar hoy mismo. Si elaboras un plan simple pero determinado y lo cumples con constancia, quedaras asombrado los progresos que puedes lograr.

La información en este libro no es definitiva y no garantiza que todo el mundo logre los mismos resultados. Sin embargo, es una estructura básica sobre como tienes la posibilidad de cambiar tus pensamientos y edificar un plan de proyecto para alcanzar tus metas a largo plazo. Armado con estos conceptos básicos, cuentas con la información para resolver los desafíos que surjan y avanzar en la vida con un entendimiento mejor de lo que realmente es importante para ti. Puedes convertirte en un participante activo de todas las decisiones que afecten tu vida y ayudar a construir tu futuro. El principal motivo de que la gente no triunfe en su vida y alcance la libertad financiera, es simplemente, porque nunca piensa que puede hacerlo.

Toma el control de tu vida

Al fin y al cabo, de eso trata *Emprender para Cambiar*. Trata sobre tomar decisiones inteligentes sobre lo que es adecuado para ti y tus seres queridos. Trata sobre involucrarte en todo lo que afecte a tu vida. Trata acerca de tener la confianza de ponerse al mando de la travesía hacia tu nueva vida. Ahora, tu ocupas el asiento del piloto. Tienes la información, la determinación y la oportunidad de viajar hacia un futuro prometedor. Decide hoy mismo a controlar lo que puedas, fijar metas, establecer un plan y empezar el recorrido.

Tu futuro no tiene que ser un signo de interrogación. En lugar de aceptar lo que el futuro depare, planifica y esfuérzate para que sea como tú quieres que sea. Dedícate a dejar de ser una víctima y empieza a soñar nuevamente.

El camino al éxito comienza, cuando tus sueños se hacen más grandes que tus excusas.

Cuando termines este libro tendrás mucho en qué pensar. Muchas de las cosas que he comentado te serán de utilidad, otras no tanto, pero está claro que solo cambiarás en la medida que tú lo desees. Es un proceso mental y emocional que requiere su tiempo. Pero estoy seguro que sentirás más que nunca tu fuerza interior para poder cambiar tu vida y vivir tus sueños. Recuerda que la gente mediocre no tiene grandes vidas. Tienes que ser como los héroes de acción. Ellos se atreven a actuar en escenarios donde la mayoría de las personas no lo harían por miedo. Y saben que la acción les llevará al conocimiento, al aprendizaje y al crecimiento. Si quieres llegar a ser un emprendedor exitoso, tienes que ser tu propio héroe de acción. El éxito requiere voluntad, valor y decisión. Y de esta manera conseguirás crecer y ser quien realmente quieres ser.

Te deseo muchísimo éxito y estoy convencido que conseguirás todo lo que te propongas.

«Emprende esa idea, sal con esa persona, compra ese billete de avión, múdate a esa ciudad, haz todas esas cosas que te asustan y te emocionan al mismo tiempo. Te aseguro que valen la pena.»

Bernardino Antúnez

Recursos adicionales

Lectora, lector, gracias por comprar mi libro y compartir tu tiempo conmigo.

Si estás interesado en ampliar tus conocimientos para aprender más, te recomiendo que visites mi blog y página web www.EmprenderparaCambiar.com o mi Facebook @EmprenderparaCambiar.

En mi blog encontrarás ayuda y consejos útiles sobre desarrollo personal y para emprender, con el objetivo de alcanzar tu libertad financiera y vivir la vida que siempre has soñado.

También ofrezco formación y cursos para potenciar tus conocimientos y aprender a desarrollar tu proyecto personal paso a paso y con un coste mínimo.

Si te ha gustado el libro, te ha aportado algo de valor, o si te ha ayudado en tu desarrollo personal, profesional o para emprender, te estaría muy agradecido si me dejas una breve reseña en Amazon. Tu opinión es importante para mí y me gustaría leer tu comentario. Además, puedes ayudar de este modo a otros que también quieran sumarse a nuestra comunidad de emprendedores. Si tienes alguna duda o prefieres enviarme tu opinión directamente sin publicarlo, me puedes contactar por email en info@emprenderparacambiar.com

¡Gracias de antemano por tu apoyo!

Bernardino Antúnez

ACERCA DEL AUTOR

Bernardino Antúnez se define a sí mismo como cosmopolita e inconformista. Licenciado en empresariales, habla cuatro idiomas y es reconocido como emprendedor exitoso con una gran experiencia internacional.

Después de trabajar durante años en diferentes multinacionales como Siemens Business, Inditex, Alfa Romeo y Audi, que le permitió viajar y vivir en diferentes ciudades como Múnich, Milán y Londres, decidió dar un giro a su vida y carrera profesional para seguir su sueño y crear su propio proyecto empresarial.

Es el fundador y director de la consultora The Spain Estate Consultancy (www.spainconsultancy.com), especializada en inversores internacionales. Además, dirige cursos sobre éxito profesional y financiero, y es el fundador y director general de www.EmprenderparaCambiar.com, dedicado a la formación online que ayuda a emprendedores nuevos a crear desde cero el proyecto de sus sueños.

www.ingramcontent.com/pod-product-compliance
Lightning Source LLC
Chambersburg PA
CBHW052252220526
45471CB00001B/306